LOCUS

LOCUS

LOCUS

LOCUS

Smile, please

smile 73

愛在塔羅靈動時

作　　者：傅子綺

主　　編：郭慧玲
責任編輯：盧紀君
美術編輯：午夜工作室
法律顧問：全理法律事務所董安丹律師

出　　版：大塊文化出版股份有限公司
台北市105南京東路四段25號11樓
讀者服務專線：0800-006689
TEL：(02) 87123898　FAX：(02) 87123897
郵撥帳號：18955675　戶名：大塊文化出版股份有限公司
e-mail:locus@locuspublishing.com

行政院新聞局局版北市業字第706號

總 經 銷：大和書報圖書股份有限公司
地　　址：台北縣五股工業區五工五路2號
TEL：(02)8990-2588　8990-2568 (代表號)
FAX：(02)2290-1658　2990-1628

初版一刷：2007年2月
定　　價：新台幣260元
I S B N：978-986-82174-5-4

Printed in Taiwan

愛在塔羅靈動時

c o n t e n t s

目錄

c o n t e n t s

【前言】如何運用本書

塔羅牌是一套七十八張、一系列卻不同圖樣的紙牌，真正的發源地不詳，最早類似形式的塔羅牌出現在十四世紀後期的義大利跟法國。這七十八張不同圖案的紙牌，呈現了人生各種階段、美麗的機會、邪惡的誘惑及多變的挑戰。

通過塔羅牌中的顏色及圖像，可以準確預知事情的發展！因為塔羅牌呼叫你的潛意識及對未來的感應，就是一般說的第六感。但並非所有人可直接運用自己的第六感，所以需要工具的幫助，塔羅牌就是一種這樣的工具，只要你在占卜的時候，沒有過多執念，就能看清楚你所占卜的事情的客觀現況、主觀現況及未來發展。

所有聽過塔羅的人，不管是否經過塔羅占卜的洗禮，都會同意「塔羅牌好準」！但有一個奧妙是很多人不知道的，我願意偷偷的透過這本書告訴你，就是在不同的時刻裡，即使是同一張牌，它對你「內心」的解釋會不一樣。為什麼？是因為「養牌」的人不同嗎？

如果所謂的「養牌」就是用自己的生命經驗跟牌對話，那這就是正確答案。

是的，「養牌」就是每個人不同時空生命經驗的「直覺判斷」，一種可以「顯現這就是你，而不是別人」的原始靈動力量。

原始靈動力量是一般人被教育要壓抑忽略掩蓋的「潛能」，無意識的，原始直覺。這種力量有時候非常清晰，有時候有點曖昧，甚至有時候可能還讓你覺得有點荒謬或不好意思承認。但這種直覺往往也非常真實，**真實到就像拿一個訂做好的楔子，一把敲進你心裡面那個等待已久、可以完全密合的縫隙裡一般，讓你因此被震駭得莫名所以、不知所措。**

這就是塔羅，一種直覺的力量，與你生命靈動的密碼，也是我想要在這本書裡告訴你的祕密。

如何運用本書

大部分的人學習一項東西都是從邏輯或分析開始，但在此傅子綺將帶領大家從「圖案的直覺」與人生每個階段會產生的課題為基礎做討論，放棄以往每個人一看到塔羅牌都想讀「字面」的解釋而去猜測牌意的錯誤經驗。

這本書的企圖心是：假設你從來沒學過塔羅，你也可以從對牌的圖案的解讀瞭解你自己，甚至啟發你的潛意識——這就是「靈動塔羅牌」的意義。公開學習塔羅的秘技，與讀者用最直覺（卻也非常科學）的方法，指出每一張牌的重要圖像、跟星座、生命靈數、甚至大自然顏色的相關聯意義，你可以更清楚且一貫的瞭解西方神秘學。

「塔羅故事」這個小單元的設計，不是要提供讀者教科書一般的答案，而是引導讀者的圖像思考練習！你將發覺自己對同一張牌圖像的解讀、以及第一個注意到的圖像會因為時空與心境的轉換而產生變化，這就是專屬自己的命運分析法——每一次閱讀同一張牌的時候，會對不同的圖像部分有特殊的感應，這就是你今日的特殊任務與感應。每一個人都是自己的「巫師」，將自己每一次對這張牌的第一感應記錄下來，成為自己的「塔羅日記」，當日積月累之後，你將發現自己對圖像更有敏感度與直覺，同時也會更瞭解自己。

國內的塔羅書，多是介紹牌義之後，然後提供不同的經典牌陣，許多讀者雖然隨著作者的方法嘗試為自己或他人占卜，但卻經常反應「好難喔！」、「記不住每個位置的意義！」、「我都依照步驟一步一步執行，怎麼還是不準？」在本書中，傅子綺希望這些真實且跟您相關的愛情故事，提供每個讀者閱讀自身感情的反應，再配上塔羅上的啟示，你會發現，我們愛情的每個階段，都在一張張的塔羅牌中，已經有了端倪。

這可以當作是你的塔羅第一本書，因為不需要先學習複雜的牌陣即可占卜（每日學習一張不同塔羅牌的基本占卜書），在沒有學習壓力之下領會每一張牌的意義，記得：觀察圖像的設計概念而開發你右腦的直覺與對生活的敏感度。

倘若你已經學過基本的塔羅牌，除了介紹這個方法給你之外，也希望你在未來的（愛情）階段，會有全新的應對與內涵，最後祝福你走進彷如「世界牌」一樣的美滿結局。

找出你的靈動塔羅牌

一、根據出生年月日，可以推算每人天生的「靈動塔羅牌」（soul card），「靈動塔羅牌」就像每個人血液中不同的DNA，它顯示了你的內心狀況還有中心價值，這也是「你之所以為你，而不是別人」的秘密。（為了讓你瞭解這個比喻，可想像每個人都有不同的血型或所屬星座一般，但它更神聖的意思是與你潛在因子互動的標誌。）

二、「靈動塔羅牌」展現了：

1.對事情的直覺判斷：從小到大的生長是教我們運用「理智、邏輯」來判斷（左腦的發展），但我們很多潛能都被積壓在隨社會教育而漸漸失去的「無意識」地下室，這一部分更是許多心理學大師的興趣（如容格、佛洛依德）。

2.內心的本質：一個同樣家庭教育背景的人，對同一個處境的處理不見得相同，就是因為內心本質不同而導致的終極信仰不同的緣故，本質會驅動我們不同的人生選擇，這也是為什麼我們經常與人討論「你聽得到你心中的聲音嗎」。

3.遇到衝突的第一反應：當我們碰到危機時，身體的腎上腺大量分泌出我們需要的能量，「靈動塔羅牌」就像這個腺體，是不需要大腦控制的，因此唯有親近你自己（靠著每日跟塔羅牌互動可以加強，一些心靈冥想的課程也有幫助），增進自己的直覺，在需要的時候展現最大的力量。

現在先依照以下公式算出屬於你的「靈動塔羅牌」！

還有更多的資訊幫助解開你心中神性與魔鬼的鬥爭，接下來你會知道為何你有掙扎痛苦，也會知道如何有快樂寬慰，現在就給自己一個新的機會，開始非常屬於你的塔羅之旅吧。

假設你的生日是1970年3月15日

●步驟一：

將這幾個數字相加1970＋3＋15＝1988

●步驟二：

從步驟一的個別單獨數字相加

1＋9＋8＋8＝26（假設這個數字小於22

這就是你的「靈動塔羅牌」）

●步驟三：

假設步驟二的數字超過22，就再將個別數字相加一次。

（因為塔羅的大牌只有22張）

2＋6＝8（你的「靈動塔羅牌」）

●步驟四：

對照下表的8，你的「靈動塔羅牌」就是「力量」，也就是你一生關鍵的靈動密碼：「有魅力的施展意志、勇氣，運用你的武器和諧的展現能力。」

編號排名愛情關鍵密碼：

0或22愚者：大膽示愛不怕受傷的天真戀情。
1魔術師：令人驚奇的浪漫情調。
2女祭司：現實與理想合一的過程。
3皇后：難以抉擇的溫情誘惑階段。
4國王：可信賴的完整。
5教皇：宣教士般的強迫照顧。
6戀人：認定另一半的瞬間。
7戰車：等待正面鼓勵的行動。
8力量：致命的吸引力。
9隱者：穩定的關係。
10命運之輪：命運總會有新的安排。
11正義：相信公平的回饋。
12懸吊者：犧牲顯示愛情的偉大。
13死神：失戀，是愛情的一個過程。
14節制：高潮是一種融合。
15惡魔：荷爾蒙愛情。
16高塔：應該是立刻收拾行囊的時候。
17星星：孕育新的機會。
18月亮：不安的直覺。
19太陽：美是幸福的保證。
20審判：留校察看的愛情。
21世界：精彩大結局。

什麼是塔羅牌

目前流傳的塔羅牌

雖然塔羅牌的起源眾說紛紜，但可以確定的是，歐洲是它發揚光大的地方，而最早的塔羅牌也可在義大利和法國發現。一般咸認為，目前最早的塔羅牌是義大利威斯康提・斯佛薩系列（Vesconti Sforza desk, 1425），但那時的塔羅牌還不甚完整，沒有編碼，小秘儀也不是今日的五十六張；不過十六世紀法國的馬賽系列（Marseilles）塔羅牌則已經顯出今日塔羅牌的樣貌。

十九世紀是塔羅牌發展的重大轉捩點，當時歐洲盛行神秘學，其中與塔羅牌最相關的是「金色黎明 Golden Dawn」，他們以嚴謹的制度還有西方神秘學的內涵作為審核會員的基礎。成立於一八八八年的秘密團體「金色黎明」有幾個重要人物，雖然他們最後分裂，卻留下了今日最重要且流行的塔羅牌，這三副分別是：

一、托特牌：由亞力斯特・克羅理（Aleister Crowley）所設計。

二、金色黎明牌：由伊斯瑞・瑞格得（Srael Regardie）設計。

三、萊德—偉特牌：由亞瑟．愛德華．偉特（Arthur I Edward Waite）設計。

偉特牌比較簡明，圖案比較生活化，托特牌比較華麗，金色黎明牌則是非常艱深的神秘學符號了，現今最多初學者使用的入門牌是偉特牌（The Rider Waite Tarot），淺顯易懂是他最主要的特色之一。

塔羅牌介紹

到底什麼是塔羅？讓我們從最基本的開始。一副標準的塔羅牌由七十八張卡片組合，其中的二十二張牌組成所謂的「大秘儀」（major arcane），這包含了愚者、愛人、懸吊者、惡魔、世界等牌。

其他的五十六張牌則是所謂的「小秘儀」（minor arcane），由四種花色組成：權杖、聖杯、寶劍、以及錢幣。前四十張小秘儀的牌分別由數字1到10排序，最後的十六張則稱呼「宮廷牌」（court or royalty cards），其描繪了國王、皇后、騎士和侍者（這也是現代撲克牌的由來）。

大秘儀（也有人稱之為大阿爾克納）雖然只有二十二張，但描述了人生的完整生命歷程，從孩童的希望到物質的挫折、精神探索與戀愛、希望的建構、夢想的幻滅等等，因此能夠明確的描述事情的根源、特性、人物的性格，還有最後的演變。

而小秘儀（也有人稱之為小阿爾克納），因為分類精細，四種不同的圖形分別代表了「行動與勇氣」（權杖——火元素）、「情感或心靈」（聖杯——水元素）、「理智與思考」（寶劍——風元素）、「物質與財富」（錢幣——土元素），所以小秘儀能夠清楚的解釋一個事件的人事時地物的細節。

如果能大秘儀加上小秘儀一起使用，就是一副完整的塔羅牌，加上一位資深專業的諮詢師的指導，配合生命的經驗累積，當然就可利用塔羅牌為人解惑。但這需要時間的養成！而這裡傅子綺要跟各位分享一個學習的秘密，這是傅子綺與國外的塔羅老師學習而來，目前台灣非常少人推廣，這個冥想方式可以讓讀者先利用大秘儀（就是剛剛介紹的「靈動塔羅牌」），就能夠洞悉自己以及每天、每年的心靈秘密。

子綺的話

一般占卜的時候，塔羅牌的正反位置會顯現出不同的意義（不見得只是相反這麼單純的解釋），子綺會特別在「機會與挑戰」單元指出。

但是當作靈動塔羅牌的時候，是沒有正位逆位的差別的，靈動塔羅牌是心靈能量的提醒，尤其在占卜者軟弱時，可以特別注意這張牌是否有逆位的意義！

1 或 *22* 愚者 The Fool

1 魔術師 The Magician

2 女祭司 The High Priestess

3 皇后 The Empress

4 國王 The Emperor

5 教皇 The Hierophant

6 戀人 The Lovers

7 戰車 The Chariot

8 力量 Strength

9 隱者 The Hermit

10 命運之輪
Wheel Of Fortune

11 正義 Justice

12 懸吊者
The Hanged Man

13 死神 Death

14 節制 Temperance

15 惡魔 The Devil

16 高塔 The Tower

17 星星 The Star

18 月亮 The Moon

19 太陽 The Sun

20 審判 Judgement

21 世界 The World

塔羅秘技

現今流傳的塔羅牌不計其數，除了古老的經典樣式（如偉特牌、托特牌），隨著塔羅牌的流行，現在甚至有魔戒塔羅牌、星際大戰塔羅牌、女巫塔羅牌……。但不管是什麼新創的塔羅牌，每一張大牌一定有一些固定或是重要的元素，是不可被創意取代的。

學習塔羅牌的第一步，不是背誦每張牌義，而是觀察每一張牌的重要元素，這樣才能真正瞭解每一張塔羅牌的精髓，這也是許多心理學家強調的圖像心理治療法。

【自序】一位女巫的願望

美麗名模的抉擇？

某天，一名美麗的女子來找我。「她是某位名模」，她說她有好幾個追求者，但不知要選誰。這是美麗女人的尋常問題。我們經過單一分析問題的淘汰篩選之後，最後僅剩兩位候選人進入決賽。我決定運用「二擇一」的牌陣幫她分析。

占卜結果是這位小姐喜歡A君才氣與豪爽的性格，雖然A君的外貌不是跟他如此登對，但他畢竟是一個所謂的成功人士，並非繼承家產，而是憑著努力、智慧創業有成，人人讚揚。但他們之前似乎沒有共同溝通的基礎。

另一位B君則是所謂的「小開」，外貌中上，在家族的企業中幫忙。若以社會成就來說，自然是不若A君，但他嫻熟娛樂圈子，跟我的當事人可以經常玩在一塊。不過，另一個現實是，B的家裡小孩眾多，他可不見得是主要遺產繼承人。

占卜，不只是現實狀況的分析，還有當事人心理狀況的反應。誰會給當事人的笑聲多一點？現實僅只是現況分析，但當事人本身最在意的是什麼？

我對美麗的模特兒說，「有二十億財產跟只有二億財產是沒有差別的，因為你可以用的就那麼多，但跟有話聊、又登對，走在路上牽手都覺得開心的人，才是『對的春天』。」

隔幾天，數字週刊封面是這位小姐被狗仔拍到一天跟四個男子約會。不過我知道這不是重點。因為重點是，後來這位名模已經選擇公開跟占卜的B君交往，同時也表示雙方即將訂婚了。我祝福他們。

後來，朋友在我的名字前多加一個「女巫」的形容。算是恭維。

女巫現身！

朋友稱我為「女巫」，有神秘跟驚訝的意義。但其實歷史上對「女巫」這個名詞，是有「原罪」的。在中世紀黑暗時期的歐洲，西方有所謂的「獵巫行動」。這個「頭銜」可是會害我人頭落地。好在，我們生活在接受多元文化的二十一世紀，大家可以接受我這種講話跟唱歌一樣的「女巫」。

是的，我會用我的聲音感染他人。我在月亮最高的時候出生，那是夏天，所以我可以看到天上地下最寬廣的地方。擁有天生的「左撇子」與「感官直覺」的能力。從小就可以感覺到某一些空間是有人在看著我的，當我聽一個人咄咄的講話的時候，我看著他的眼睛，就會知道他心底的恐懼……某一次，我救了一個人的生命，我的確是用我的聲音喚醒他回到這個世界，因為那時我深深愛著他……於是我真的知道自己隱藏多年的「身分」——「塔羅女巫」。

因為個人特質以及所學專長，我使用塔羅的方式，跟一般台灣人不太一樣，比較接近西方的塔羅原型以及心理分析法。我透過引導雙方的直覺能力，直接探究對方意識或潛意識裡的東西，讓當事人面對自己內心的真正想法，雖然常常很震撼，但也很真實而有用。

我喜歡這樣的「女巫」方式，尤其印證在我與陌生人的占卜上，完全不認識對方，可是卻可以講到他的心坎裡。不是只有分析現狀，更讓當事人貼近自己的心，並讓他驚訝且感動自己心理潛在的慾望跟念動！那麼，大家都跑來找我問什麼問題呢？答案當然很明顯，就是「愛情」。沒辦法，誰叫「愛情」是科學家永遠無法用方程式解答的問題？

愛情有什麼道理？

耶誕節之前，我再看了一次《Love Actually》（愛是您，愛是我），某些片段勾起這些年我所看到的真實故事。這幾年為人塔羅占卜的經驗，還有我自己生命的故事，總歸來說，塔羅經驗就如同電影的訴求一樣「尋求圓滿的真愛」。

那位「美麗名模」還算好的，她有四個選擇等他去挑選。有許多來找我的，都是「沒有」選擇，甚至是別人的「四分之一」選擇，更甚者是別人「拋棄」的選擇。每次當事人談到傷心處時的淚眼婆娑，我都忍不住為他們悲傷難過。

愛，是人類最大的渴望。因為它給我們無法言喻的滿足感，超過所有事物。

愛，也是人類演化的缺憾。因為迄今我們無法發明任何一個替代品，取代它的功能。

無可避免的，我們都有過失戀的經驗，不管是什麼狀況的失戀，失望的、視人不明的、一場誤會的、因緣無法俱足的、溝通不良的、主動劈腿的、被劈腿的、遺憾的、家庭反對的、愛到不該愛的，多少次我們都在已逝的春光中苦苦嘆息。也許要在結束之後的好久，才能得到沉澱與救贖，來讓我們最後封存記憶。不過，失敗的愛情也許一時之間阻擋我們追求真愛的勇氣，可是，卻從來沒有一丁點的澆熄我們心中對真愛的渴望。所以，每一個來尋求塔羅占卜的朋友在跟我說完他們的悲苦故事之後，一定不約而同的會問我最後一個問題：「那我什麼時候會遇到真愛呢？」

塔羅牌不只是一個占卜YES或NO的工具，它有一系列完整的哲學，說明一個事情的過程，愛情的起伏，人生的曲線。在塔羅牌的哲學當中，我幫助我自己找到「選擇的藝術」，而很多朋友來找我尋求塔羅占卜的時候，我也試著用這一套精神作為忠告。

愛的觀念其實是很古老的，不管現在的愛情故事多麼光怪陸離，但都不脫那幾個抉擇的範疇。每當我看到有人淚眼婆娑泣訴他的傷悲，我總可以想到一張牌來對應他的故事；也是這樣的時候，我希望所有的塔羅能量可以幫助他看清楚這一個悲傷故事的因果。

這大概就是「我的女巫塔羅之路」，因為「命理」功課的學習因緣，我有一個新的世界、新的人生觀點、新的身分，還因此得到很多陌生人的信任，變成我的朋友。我幫助別人，當然也希望能夠幫助你。

女巫的願望！

嘿，我知道我不是「超人」，我不會把汽車舉起來，也沒辦法把壞人丟到外太空去，但我還是有一顆拯救世人的小小赤忱的心。

或許，你目前沉浸在愛裡，我和塔羅能量祝福你這就是真愛；或許，你在錯誤的愛中迷失，我和塔羅能量希望你趕快有力量跳脫；或許，你還在問「何時會遇到my right one」，就讓塔羅能量許你一個幸福未來吧！

送你一首泰戈爾的詩：

有一次，我夢見大家都是不相識的；
我們醒了，卻知道我們原來是相愛的。

這是塔羅女巫傅子綺的願望。

☆ 假設你的靈動塔羅牌是數字0或22

THE FOOL
愚者

塔羅愛情語錄

「給自己一個機會吧！」
你心中的小孩這樣向你
呼喊著！

愚者牌的愛情故事

大膽示愛不怕受傷的天真戀情

Brad是一個浪漫的年輕男子，生性不羈、喜好藝術。對生命狂熱，他的人生哲學就是生命只有一次，要勇敢表演，不要讓自己後悔。

在他還青春年少的時候，就常幻想一種情景：一位像女神維納斯一樣美麗的女子，會從海中的泡沫裡走出來，陽光在她髮梢間閃爍，沙灘為她在海岸上鋪上一條細細柔柔的足跡。他一直認為，將有這樣的女人為他誕生。

懷抱幻想的Brad已經慢慢長大，不過他心理面的單純執著，還是一樣爛漫，或許也是一種過度的天真。

有一天，百無聊賴的Brad來到了百視達，他想要尋覓可以打發一整個週末夜晚的東西。他滿心歡喜的挑了好幾支影片，外加一包特大號零食及半打可樂。他看了一下這些塞在購物籃裡的東西，「簡單、滿足、放鬆、頹廢」。Brad心想，這個週末應該會過得很好。「就算颱風加地震，我死也不離開我的沙發！」

在Brad準備結帳的時候，後面突然傳來了一個清脆的聲音：「請問你們有《羅馬假期》這部片嗎？」

多麼悅耳的聲音啊，Brad心想，於是他轉過頭去，想看看聲音來自何方，也順順看看自己是否可以幫上忙（沒騙人，以Brad對古典電影的研究，他相信全店裡面沒有一個人比他更熟了）。

當Brad轉頭過去時候時，他看到了一位女子，一位皮膚光滑、頭綁馬尾，身穿緊身牛仔褲的長腿女子！這時Brad突然有一種直覺，一種被雷打到但又沒有痛的直覺。Brad認為，這個想要感受義大利情調的女生、這個想要扮演奧黛麗赫本的女生，就是他心目中的維納斯了。

這分明是一種一廂情願的想法，誰說想看義大利風光的電影，就代表喜歡藝術呢？有意思的是，天真的Brad這時就相信自己腦中迸出的靈感是所謂的一見鍾情。只能說年輕人的想法真不是用邏輯可以分析的！

Brad優雅自若地往馬尾女孩走去，步伐甚至比平常都還準確，「嗨，你看過這部電影嗎？羅馬的風光讓我想起榮耀與悲哀的神話故事。」

於是Brad用這樣的開場白交了一個新朋友。最驚奇的是，Brad也邀請了馬尾女子做為他素描的模特兒，在一次的素描之後，Brad更是深深地確定一件事：他愛上這個女子了！

怎麼可以把「愛」說得如此輕易卻又如此理直氣壯？這種大膽跟天真恐怕不會是三十幾歲一身感情創傷的人會有的勇敢！這就是靈動塔羅牌是「愚者」的人的特色。就像是永遠純真潔白的小孩，天真的勇氣，好像沒受過感情的創傷似的，即使站在斷崖前或是被動物咬住腳，愚者也會勇敢說出「我愛你」。

靈動牌是「愚者」的人，不會放過體驗生命的機會，就算有人笑這是puppy love，他可不在乎！

牌義解讀三部曲

「愚者」是塔羅大牌的第一張，也是塔羅旅程的第一張牌。二十二張塔羅牌象徵人生不同時間會經歷的階段課題，而「愚者」象徵一個天真沒有歷史陰影包袱的小孩。

與圖像直覺對話

牌面上是一個準備跳躍懸崖的小孩，面對這麼危險的挑戰，他卻還是面帶微笑。這是一種勇敢，也可能是初生之犢不畏虎，對危險的程度沒有仔細考量。正面的是，「愚者」對新的事物永遠有開放的好奇心與期待。「愚者」展現的不只是天真，更是一種對整體環境的「信賴」！「信賴」看起來是一個很簡單的字眼，可是我們反觀一下長大之後的我們，是不是已經很不容易對環境有「整體的信賴」，這又回應了「愚者」善良純真的本質。

既然這是一張完全代表「小孩」的牌，請回想一下孩提時代自己最直覺想要的是什麼?印度大修行者奧修說：「小孩子一生下來沒有任何模式，只有一個對快樂很深的渴望存在。」因此這張牌就是孩提時代想要尋求的最基本單純原始的快樂。

請仔細看著愚者身上的紅花以及牌面上的陽光，這些展現自然界最具積極力的紅色，就是愚者這張圖最具啟發性的色彩，象徵活力跟生命力，給自己一個機會吧！你心中的小孩這樣向你呼喊著！（所以故事中的Brad對於一個爛漫的邂逅絕對不會輕易放棄，以免未來後悔。）

延伸的秘義

要享受生命即興的快樂，就是要「活在當下」，這種人格特質讓我們有不計較得失而鼓起孩提時代願意冒險的勇氣。

沒有開始的第一個試探，怎麼會有生命精采的火花，而倘若總是瞻前顧後的舉棋不定，那麼當你死的時候，墓誌銘可以寫下什麼作為呢?!

以故事中Brad為例，這張牌指出在愛情上的新冒險，然而這並不暗示著承諾，只是顯示「當事人」不願放棄的機會。

機會與挑戰

當然這也有危險，由於太過初生之犢，對困難的評估也許有失全面考量，所以過分的大膽。

雖然，難得可以瘋狂的展現對「自由意志」敞開的能力，是一種奢求，要注意的是「愚者」對自己的「自由意志」有時會出於「好玩」，對一件夢想的新鮮感，如何能超過三分鐘熱度，進而讓夢境成真的恆心跟毅力，也是這張牌潛在的暗示（比如說，一場輕易的示愛，是否會造成他人的困擾，或者新鮮感過了，就覺得不愛了）。

因此提醒所有靈動牌是「愚者」的朋友，要注意圍繞在你身上的還是原始的臍帶，你第一個在乎的是身體的、情感的滿足，但日漸長大的我們，原始的臍帶必須剪斷，因此與世界的互動必須更增加理智的層面，這也是「愚者」必須學習的課題。

生活的解讀跟忠告

這張牌是所有塔羅牌主牌的旅程的開始，建議你先給自己空間，活在當下，等待事情的自然發生。

在情感的依賴關係上，其實你還沒有涉入一個特定的關係，也許你認為有，事實上你卻是自由的，以一種不承諾的方式，每天自發性的看待新的關係的成長。

愛情：有機會追求自由自在的愛情。奮不顧身的投入。

工作：冒險的性質，有可能高升或出差。適合旅遊業。

金錢：花錢不經思考，非常豪邁。可能有意外的工作或專案可以賺外快。

性關係：自由的發生，不必限制或綁在關係裡。能量非常自由，不論是獨處或跟別人在一起都能享受。

塔羅故事

一個年輕的旅者，穿著代表光明的黃靴及幸運的紅色衣裳，在燦爛的天空下，站在懸崖面前，準備探險。

他手上拿著大自然的花束，這是自然的禮讚；還有他的好朋友，一隻小貓，可能是咬住他（阻撓他），或是準備與他同行。

重要元素

陽光普照：

光明與自然的力量；象徵牌面的人接受上天或是大自然的靈感，有如天助的意志力，爛漫天真的勇往直前。

小貓：

貓可能被轉化成野獸，也可能是旅著的伴侶，或可能是困境的提醒與阻撓。但旅者的表情並不在乎，象徵旅者的大膽，也同時意味著「放縱的自由意志」。

懸崖：

代表危險；但旅者似乎是要跳躍而過，這代表旅者要不就是已經做好了準備，可以超越危險，要不就是旅者過於粗心大膽。

關鍵密碼

關鍵字：出發、流浪、旅行、爛漫思考

幸運色：紅色

幸運數字：0、22、4

幸運藥草：人蔘

對應的星座：天王星

知名藝人：布萊德比特（1963年12月18日）

屬於你的音樂：Fly Me To The Moon, Vince Guaraldi

（請參考傅子綺之《塔羅爵士幸運點唱機》，滾石發行）

☆ 假設你的靈動塔羅牌是數字1

THE MAGICIAN
魔術師

塔羅愛情語錄

你的想像力到哪裡，
你的潛力與機會就會到哪裡！

魔術師牌的愛情故事

令人驚奇的爛漫情調

我的朋友Annie是一個非常美麗的女生，身高一百七十公分，非常纖細，就像模特兒一樣的身段，當然，她永遠不缺男朋友。Annie不只是外表迷人，也非常會享受生活，她常跟我講的名言是：「男人因我而偉大，我因男人而豐富。」

這句話是個雙關語，而且意義深遠。除了你可以作「性」的直接聯想，也真實應用在Annie的愛情社交生活圈裡。舉例來說，Annie的上一個男朋友是調酒師，因此她也學習了不少調酒技巧，現在她則運用調酒的花招為現任的男友增添生活情趣。

幾年前，日劇非常紅的時候，當時她跟一個電視圈的編劇交往，Annie邀請那位編劇到家裡吃飯，她不僅煞費心思的做了日式料理，還換了家裡的某一面牆的壁紙為櫻花的圖案，更驚人的是，當天Annie還特地穿上了道地的日式和服（那種穿要花兩小時，但是只要拉一條帶子，衣服就全部落到地上了）！

這樣的女生誰會不喜歡呀！所有男人對她的評語都是「Amazing」（真是太令人驚奇了）。永遠給人驚喜，懂得製造生活情趣，就像魔術師一樣。當然啦，有時魔術也不會持久，當Annie發現有更可以讓她生活豐富的人，她就繼續前往去充實自己了。

「靈動塔羅牌」是「魔術師」的人，用心經營愛情的技巧，像魔術師一樣讓人開心，當然，她自己本身也在過程中享受這樣的樂趣。

牌義解讀三部曲

「魔術師」的數字是1，是能量聚集的起點，因此象徵開始、一切自此延伸。在二十二張塔羅牌當中，「魔術師」是第二張，不管任何塔羅牌都描繪出「魔術師」運用了宇宙大地最重要的四個元素「地、水、火、風」，所以這張牌的課題是理解能力、以及如何運用能力。

●●與圖像直覺對話

以偉特塔羅牌來說，這個魔術師的前面有一個工具桌，桌上是「寶劍」（風元素）、

「權杖」（火元素）、「錢幣」（土元素）、「聖杯」（水元素）；在另一副知名的塔羅牌克羅理．托特牌裡面，這張牌的神秘元素更多，除了上述四元素，還有許多動物的圖騰，如猴子（智慧）、蛇（蛻變的力量）、鴿子（和平）；這麼多的「工具」在魔術師的前面供其使用，所以蘊藏豐富能量的內在。「魔術師」，你的任務就是變出一套吸引人的戲碼！

「魔術師」是一個擅長表演、逗人笑的角色，這個角色又同時具有魔幻寫實的神話特質，但真正的好的「魔術師」不是只有一套戲碼，要能分辨場合而有不同的表演、判斷不同的觀眾而量身製作表演，戲碼手法除了要豐富，最重要的是他要有強大的內在精神力，就是「想跟群眾溝通對話」，這種精神力是一個強大的慾望，支持魔術師繼續發散能量。

第一眼看到的圖像，決定你的精神力。

你目前最想使用哪一套工具，這個就反應你現在潛意識的需求，每一個不同的時空點，也許會有不同的答案，這也是最近的任務（待會在塔羅故事揭曉）。

延伸的秘義

「創造、溝通」是魔術師的個性，要有正向的能量，在愛情的世界，魔術師就是那個設局者，迷幻人心的爛漫手段。

這麼多的娛樂工具供你使用，注意！魔術師要有整合的能力。你的想像力到哪裡，你的潛力與機會就會到哪裡！千萬不要給自己太多限制，盡量將你周邊的事物和魔術師桌上的神奇元素聯想在一起，這就是你問題的答案（可以開發自己的潛能，讓自己的魔力更上一層樓）。

機會與挑戰

人難免軟弱，有時自己也難免六神無主（以塔羅牌術語來說，就是牌面為逆位的時候），這時「魔術師」提醒你的是「小心！使出來的把戲可能很容易就被人揭穿」，這一方面顯示目前的準備工作不夠周全，所以很容易「露餡」；另外則是你還在躊躇不決，已經是該表現的時候，卻可能還在空想，根本沒有行動，以致失去最好的時機。

假設是金錢問題方面，要小心這是一個被計畫的騙局，可行性待質疑。

假設你現在心裡想的第一個念頭是愛情，那麼要懷疑自己是不是天旋地轉得太輕易，是自己設局迷惑（最怕沒有迷惑到別人，卻迷失了自己）；或者，對方只是當一場愛情遊戲。

生活的解讀跟忠告

相較於「愚者」的不設定結果，「魔術師」的把戲必須是帶著目的才能有所作為，知道你要變出什麼，才知道要使用的工具，很容易理解吧（所以趕快檢視你的目的，以及你的工具箱）！

你和你的伴侶需要很多的互動，可能只是溝通、對話，也或者是動態的活動。愛情關係是需要經營的。

愛情：邂逅一位令人心動的對象。有機會展開新戀情。

工作：開創新的事業計畫。適合公關、傳播業。

金錢：財運旺盛，有投資頭腦。

性關係：表現積極，創造情趣。

塔羅故事

魔術師的手高舉魔棒，正在進行一項魔法，桌上的權杖、寶劍、聖杯、錢幣，是世界構成的四項重要元素（第五元素就是愛），因此魔術師就是把四項元素整合運用的人。

重要元素

頭上的八字符號：

事實上這是一個數學的無限大的符號。象徵魔術師有無限大的能量，可以施展在魔力溝通上。

雙手的手勢：

右手拿著魔杖，左手指著地，象徵魔術師是天上地下的旨意溝通傳達的媒介。

桌上四元素：

如果你第一個注意到權杖，代表你最近在意「行動」；若第一個注意到的是錢幣，則象徵「金錢或物質關係」；寶劍代表「思考分析、理性判斷能力」；聖杯代表「情感、人際關係」。

關鍵密碼

關鍵字：創造力、造就神聖的夢想，傳播、溝通，
全方位行動的開創者、行動家

幸運色：黃色

幸運數字：1

幸運藥草：黃耆

對應的星座：水星

屬於你的音樂：You Make Me Feel So Young, Chet Baker

（請參考傅子綺之《塔羅爵士幸運點唱機》，滾石發行）

☆ 假設你的靈動塔羅牌是數字2

THE HIGH PRIESTRESS
女祭司

塔羅愛情語錄

生命如有一兩個時刻，
可以碰到願意傾聽
自己內心聲音的人，應該
就是一種幸福吧！

女祭司牌的愛情故事

現實與理想合一的過程

從十七歲開始談戀愛，情海浮沉多年，小柯經歷過轟轟烈烈的愛情陣仗，小時候，跟小明星、漂亮的模特兒談戀愛，戀愛對象比較像標誌，是拿來炫耀的工具。

出國唸書之後，習慣了留學生的孤獨生活，也越在乎自我，小柯笑說自己現在的愛情觀念像是「基督之愛」——可以對鄰居關懷，卻不願負擔交往的繁瑣，比如說，不想忍受彼此剔牙打鼾（基督的福音都是大方向，沒聽說要怎麼關懷柴米油鹽醬醋茶）。

小柯有個非常要好的異性朋友Julia，可以說是紅粉知己吧，多年來就維持吃飯喝酒談心吵嘴的關係，年輕時小柯的女朋友都是大美女，自然沒有想過兩人的發展，現在單身很久了，也曾經想過是否就和Julia穩定下來。一次酒過三巡的月圓之夜，小柯和Julia超過了那個界線，Julia夜宿在小柯家，他們發生了性關係。

早上醒來之後，為了避免尷尬，Julia先去浴室梳洗；為了避免尷尬，小柯起床準備自己習慣的簡單早餐。「只有牛奶和烤土司，這就是我的王老五早餐。」小柯邀請Julia坐下來一起吃早餐。

為了避免尷尬，兩人打開電視，HBO台，正巧是播過幾百次的「Something's Gotta Give」（愛你在心眼難開），在傑克尼克遜被劇作家「賜死」的那一段，兩人忍不住同時笑起來。接著，聊起起共同的觀點，因為是多年熟悉的老朋友了，這些觀點很容易在這個早晨幫助彼此跨過疏離的界線。

「晚上我要陪一個朋友去逛街，現在週年慶。」Julia說。

「我覺得你穿高跟鞋很好看，你應該經常穿。」小柯對Julia說。

Julia把腳丫放在椅子上，手摸著腳指說，「常穿高跟鞋會讓腳趾頭受傷ㄟ」，小柯注意到Julia小腿上有一個傷疤，那是多年前他們一群朋友去海邊玩，Julia被沙灘上的破啤酒瓶弄傷而留下的痕跡。小柯伸手輕觸那個疤痕，突然覺得這種歷經生命熟悉的感覺，就是幫助理想與現實的「圓」，可以合而為一的催化劑。

愛情有先天期望的標準才會造成痛苦，兩個老朋友的感情沒有預先設定條件的相處，反倒少掉為了符合理想伴侶條件而磨合妥協的痛苦。

跟心裡感覺接近的安全感，就是「女祭司」要的感情。

接著小柯說：「以後都讓我陪你逛街吧！」

牌義解讀三部曲

「女祭司」的數字是2，代表宇宙中的二元論：男與女、陰與陽、黑與白、冷與熱等等，二元有可能是對立，大部分的時候二元相遇意味著一種完整。

所以女祭司在乎完美，而內心的完美是所有完美最重要的，女祭司的終身使命就是為自己的內在精神尋求完美。

與圖像直覺對話

「女祭司」的前額或是腳邊有一枚新月，透露女祭司跟「月亮的感應」是呈現正向相關的，喜歡用靈感猜測自己或周遭人物的心理。手上有著一本智慧之書，身為靈動塔羅牌是「女祭司」的你，**是正要打開這本書還是已經閱讀這本書？這意味著：你對自己的現狀命題的解讀**。

這樣的人物，首要關心當然是可以跟心靈相通的議題（包含女祭司選的書，都展現心靈議題），想要溫和的看出自己的內在。

再看一次牌，女祭司手裡捧著那本智慧之書，但眼睛卻望著遠方，有沒有一點新的感覺？對於智慧的思考（也可將這個詞換成「所要求慾望的執著」），往往是要經過好幾個階段「接受、反芻、再思考」才能達到見山不是山，而見山又是山的境界（就像前面故事小柯對感情的想法）。

對心靈奧秘這麼信仰的人，對於神秘學當然會有高度的興趣，而塔羅牌中女祭司是屬於冷色系，黑色、灰色、藍色的組合，象徵思考必須是冷靜的。這給我們一個反省，儘管你是一個喜歡思考的女祭司，你是否帶著關懷的眼光、擁有足夠的冷靜來處理心靈事物？（逆位的女祭司是注重心靈成長卻無法客觀的偏執主義者！）

反省一下自己，你是正位的女祭司還是逆位的女祭司？

延伸的秘義

女祭司式的直覺可以使你與他人心靈有所連結，有一位女性心理學家珍．波倫（Jean

Bolen）曾經表示：「當你跟一個可以認出你內在靈魂的人在一起時，你就是進入所謂的『神殿』。」但對於一個企圖有女祭司般的魔力的人來說，最大的痛苦與考驗，就是知道神殿在哪，卻無法進入的遺憾跟焦慮。

這個考驗在自己內在的探求，以及跟他人的人際關係都有可能碰到。**如果生命有一、兩個時刻，可以碰到願意傾聽自己內心聲音的人，應該就是一種幸福吧！**而靈動塔羅牌是女祭司的人，當然有這樣的期望，也期望自己就是別人生命中「幫他（或她）穿透生命奧秘的神秘人物」。

機會與挑戰

用禪宗的「心魔」最能解釋迷惑的女祭司，越是想用清澈的心靈求助智慧，卻越是無法靜心。女祭司要避免「自以為是冷靜的偏執」，自以為的客觀卻成為絕對的主觀。

一樣用禪宗的方法，與你執著的事保持一些距離，先不思考、不決定、不行動，盡量維持一些疏遠，才能做出客觀的判斷。

生活的解讀跟忠告

現在這個階段你用「感覺」來過生活，尤其是感情生活。你可能覺得「一個人也很好」，但假設你現在有一段關係，你和你的伴侶是非常直覺的，自然的，心靈溝通的。

愛情：對愛情充滿憧憬，卻不敢採取行動。

工作：適合教育、宗教事業。

金錢：平穩中求進步。善於理財、可長期投資、不投機。

性關係：從柏拉圖式的關係開始經營，不宜躁進。

塔羅故事

女祭司身著藍色的袍子，接觸到地面時呈現流水的紋路，冷靜思考的臉龐靜靜的望向遠方，頭上是一個滿月，而衣著卻鉤著一輪新月，暗示著從月亮（自然界神秘事物）開啟她的智慧，也與神秘世界互相交流。

重要元素

頭上的王冠：

是埃及女神Isis（智慧女神伊希斯）的象徵，Isis也是陰間之神，所以具有跟靈界溝通的能力，也有醫病的能力。

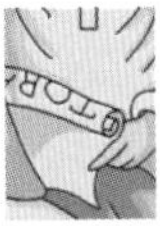

手上的經書：

寫著TORA的卷軸，是希伯來文的「道」的意思，代表準備開啟智慧。

身旁的柱子：

一根柱子寫著B，是希伯來文Boas（慈悲）；另一根寫著J，是希伯來文Jachinh（嚴肅），因此這是女祭司的座右銘，慈悲卻嚴肅的看待智慧。

腳邊一輪新月：

從頭上的滿月，到腳邊的新月，都是自然界的變化，強調從自然中找到啟示。

關鍵密碼

關鍵字：智慧、清明的內心、探尋無意識領域

幸運色：水藍色、黑色

幸運數字：2

幸運藥草：鐵夾衣

對應的星座：月亮

知名藝人：孫協志

屬於你的音樂：A Foggy Day, Betty Roche

（請參考傅子綺之《塔羅爵士幸運點唱機》，滾石發行）

小辭典

心理學家珍・波倫是屬於容格派的心理學家，容格（Carl Gustav Jung），瑞士心理學家，曾參加佛洛伊德的精神分析團隊，但後來與之分道揚鑣。

容格致力於集體潛意識的研究，他曾到非洲等地對原始文化進行研究，並且相信神話、信仰、夢境跟人意識的關係，也相信占星術。

☆假設你的靈動塔羅牌是數字3

THE EMPRESS
皇后

塔羅愛情語錄

等待真愛出現之前，有些人
會假裝自己是演員，將被動的
期待，化成主動的
排練，這種動作叫作
「誘惑」

皇后牌的愛情故事

難以抉擇的溫情誘惑階段

如果你將每位迷人女子的魅力都簡單解釋為「漂亮、身材好」，那就太低估了女人豐富多樣的特有風情了。其實，「迷人」可不是一個靜止的狀態，至少從Teresa身上很多人感受到她「魅力四射的迷人進行式」。

Teresa是一個廣播節目主持人，她的節目介紹一些賞心悅目的書與電影等等，走溫馨而安靜的路線，深夜時段的節目，Teresa運用她甜美乾淨的聲音，擁有固定的忠實聽眾。有不少聽眾朋友寫信給Teresa，大概都是抒發心情，想交交朋友。有時Teresa會回信，這個過程中，Teresa認識了三個男人。A君，四十歲，未婚，外商公司高階主管，沒有固定約會對象，Teresa在扶輪社演講時，他上前來打招呼；B君，三十四歲，廣告公司創意，剛和一個已婚女子分手，他對Teresa的第一句話是「我想自殺」——他剛失戀時call-in到節目來；C君，三十一歲，經營一小貿易公司，經常出國參展，一直想過穩定生活，是節目的長期聽眾，在國外時也經常給Teresa寄卡片。

「我參加這些活動就是認識朋友，工作久了，朋友很少是真心的。」A曾這樣說，A經常約Teresa出來打網球，某一次打得氣喘吁吁、汗流浹背的時候，他們停下來休息，A握起Teresa的手說：「你是我很重要的朋友，是目前最重要的。」Teresa受感動，心理卻有些複雜。

B自從跟那個已婚女子分手，就幾乎每天打電話給Teresa，並在電台樓下等他，Teresa陪他喝過一次咖啡，並告訴他「你這是移情作用，你現在只是寂寞」，「不不，你跟她完全不一樣，她是我的肉慾夥伴，你是我的心靈救贖」。他經常寫詩給Teresa，描述Teresa是如何救贖他的心靈。

而在同一時間，接到C從國外寄回來的卡片，又感到非常窩心，自從有了email之後，就很少收到手寫的信，「希望下次不是我自己一個人出國，希望這張卡片有你我共同的簽名，然後寄回我們的家」。通常收到卡片的同一天晚上，就會接到C打來的電話。

Teresa就在這三人中間維持等距關係，暫時沒有辦法做出感情依歸的抉擇，有兩個因素，一是個性的多情「我就像Mother Teresa一樣，真的不忍心傷害任何人」；一個是因為在Teresa心裡總覺得大部分時候，是她扮演別人的心靈救贖，聽聽眾朋友或是這些孤獨男人的故事，可是她一直幻想著，有一天出現了一個真正可以聽得懂她的故事的人。

在等待真的愛情出現之前，有些人會假裝自己是個演員，將一種被動的期待，轉化成自發主動的排練行為，在愛情的辭典裡，這種動作叫作「誘惑」。

牌義解讀三部曲

「皇后」，數字3，由點、線、而進階到面的立體階段，數字3在基督教上也代表靈性的存在，「聖父、聖子、聖靈」三位一體，因此代表3的皇后是自然界靈性能量的極致結合，也就是自然界最高的孕育者。「皇后」就是「大地之母」，是最高貴的陰性角色，這張牌召喚並引出你心中豐沛的能量，與萬物友善。

與圖像直覺對話

塔羅牌的每一張圖像序號是一系列故事的延伸，魔術師和女祭司都是精神世界意志力的代表，在精神世界之後，就是物質世界的統治，皇后就是物質界的基礎力量。

皇后身穿紅花白袍坐在大自然界中，四周環繞著茂密的樹林、金黃飽和的麥穗，讀者可以很直覺的就瞭解皇后就是大地的母親，她的出現代表富足的生活，也是物質世界最基礎的滿足。皇后優雅的倚靠在皇座上，可得知對皇后而言，創造豐厚的生活不僅是她的專業，而且是輕鬆的使命。

物質的豐厚必定有孕育的能量，皇后旁邊的盾牌是一個「金星」（♀）符號，代表「圓圈」跟「十字」的結合，是孕育生命的基礎，愛情的結合、性愛的能量，也代表受孕、懷著甜美幸福的果實。簡單的說，看著溫厚的皇后身軀及表情，這是一張滿足、豐富、不疾不徐的過程。就像故事中，Teresa對愛情的期待有自信，不用急著決定。

延伸的秘義

皇后必定引伸女性的特質，傳統上有一些男尊女卑的錯誤觀念，但是皇后牌出現的順序是在象徵男性的皇帝牌之前，同時先以豐厚的大地果實餵養眾生，因此塔羅牌當中特別想提醒讀者女性特質的強大力量，尤其是女性特質總是先具備「穩定」的感覺（先要有物質的現實基礎，才能發展理想）。

西方有一種說法，「動物由母親生下來，所以跟母親的關係是永遠都存在著。如果夠幸運，我們會獲得很多類似母親角色的人的引導跟忠告。」因此，倘若你在任何一種占卜問題時拿到這張牌，請觀察你身旁是否有類似母親特質的人，她將是你可以信賴的對象。

機會與挑戰

皇后牌倒立的時候，多半代表時機尚未成熟（還無法收成），不管是物質上的收成或是感情上的果實。

如果是針對物質方面的問題，可能是行動面的錯誤，也可能代表這本來就是一個吝嗇的人所經營的事業，狹隘的心不可能有豐富的獲得。

如果是針對感情方面的問題，則大部分的因素是情緒影響的結果。情感上缺乏熱誠，或是對感情沒有自信，不敢大方付出、擔心受傷，都無法迎接偉大豐盛的愛情饗宴。

生活的解讀跟忠告

你是一個具有同情心並且能夠深入別人內在的溫情主義者，現在你應該更進入你的本質，學習更會照顧自己，但是盡量不要隱藏在「某一個母親」的陰影下。

如果是關於你的愛情關係，建議你開始「允許、接受」新的互動空間，讓自己和別人真的有一段互動關係。

愛情：沉浸在甜蜜、幸福的愛情之中。會碰到感性、成熟、溫暖特質的人。

工作：事業順利、目前是運氣很好的時光。適合美容業、珠寶、或是貴氣的產業。

金錢：享受花錢的樂趣。投資運佳、生活優渥。

性關係：享樂愉悅、開朗分享。

塔羅故事

皇后手拿權杖輕鬆的倚靠在皇座上，看似什麼動作都沒有，但周圍的景致盡是豐富的金黃色，大地自然的孕育出飽滿的穀物，提供人民安全感。

重要元素

頭上的王冠：

皇后的王冠是由十二個星星構成的，象徵天上的十二個星座，代表皇后的能量是上天自然賦予的，也有靈敏度跟萬物溝通。

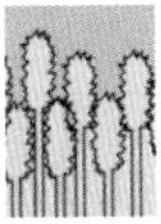

金黃稻穗：

大地的豐富孕育能力，是自然的生產者，提供萬物富足的生活。萬物不用跟大地乞求，大地是自然慈悲的供應者。

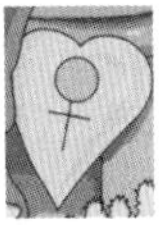

盾牌：

大部分的塔羅牌會將這個盾牌畫成心形，因為這是最簡單的愛的代表。盾牌中的金星符號是愛神維納斯，愛和美的化身，也是滿足的情慾。

關鍵密碼

關鍵字：生產、物質豐厚、女性、性、愛情

幸運色：黃色

幸運數字：3

幸運藥草：當歸

對應的星座：金星

知名藝人：侯佩岑

屬於你的音樂：I Can't Give You Anything But Love, Ella Fitzgerald

（請參考傅子綺之《塔羅爵士幸運點唱機》，滾石發行）

塔羅愛情語錄

動物由母親生下來，所以跟母親
的關係是永遠都存在著。如果夠
幸運，我們會獲得很多類似母親
角色的引導與忠告。

THE EMPEROR
國王

☆假設你的靈動塔羅牌是數字4

塔羅愛情語錄

存在主義哲學家卡謬說過，
我們愛上人是因為
從外表看起來，他們是
如此完整，身體和心理
都很整合

國王牌的愛情故事

可信賴的完整

Eagle和小芳已經交往四年了，感情穩定。Eagle是小芳在大學實習時的工作主管，雙方年齡差距九歲，所以Eagle對小芳而言，亦師亦友。

也許是身為老大的因素，Eagle一向給人穩重、會照顧他人、負責任的感覺。除了打工的時候，Eagle提供對小芳的協助；在生活上，Eagle則顯示另一種「完整」的形象。比如說，當他們一同去看電影《侏羅記公園》，Eagle會在電影之後講述恐龍滅亡的因素，還有地球歷史的演變。「你不是建築系的嗎?別的知識也好豐富喔。」小芳對Eagle的博學非常崇拜。

有一次，小芳和Eagle看〇〇七電影，小芳隨口自言自語說道：「不知道中國第一個女間諜是誰?」Eagle表示不清楚，不過想去查一查。隔了幾天後，兩人一起吃晚飯，Eagle的佐餐話題居然是「西施是中國歷史第一個女間諜」。然後還描述了春秋戰國時期，各國的紛亂，西施受到范蠡的訓練，協助勾踐報仇的故事。

「你真的去查囉？」小芳驚訝的問。「剛好也有興趣，就問了歷史系的朋友，再google一下，真的被我找到。」Eagle慢慢的說。

人總不會是沒有缺點的，但在某一種程度而言，Eagle是「完整可依賴的」。存在主義哲學家卡謬說過，**我們愛上某人是因為從外表看起來，他們是如此的「完整」**，身體和心理都很「整合」；我們對這種人的尊敬跟憧憬，是因我們清楚自己的散漫與困惑。

他們兩人的愛情王國中，Eagle就是小芳的「國王」，沉穩的個性、連貫的脈絡，在愛情世界中，提供主動的幫助。我們期待愛情的世界有一個主動的「國王」，然後我們可以稍微忘記某些時刻「被載者」的需求，也創造了「負載者」強勢的形象。

牌義解讀三部曲

「國王」，數字4，正方形是四的代表圖形，有穩固的特性，因此代表4的國王是正直、穩定的象徵，結構上也是堅固的外在，經過嚴密的管理。因此，「國王」這個陽性的能量，給人一般社會形式需要的安定。

與圖像直覺對話

相較於金黃色溫暖的皇后，皇帝的牌面就更顯穩重，黃褐色大地背景，年高德劭的國王安穩的坐在皇座上，威嚴、自尊又有自信，是世界的統治者。

國王的座椅上，有牡羊的頭。的確，偉特牌的「國王」就是對應星座當中的牡羊座，同樣具有開創宇宙的特質。國王的原始概念（原型，Archetype）是雄性的、父親的代表；牡羊的角，基本上也是性的象徵，是鬥爭、爭取配偶的武器；雄性的基因通常更具侵略性，對於自己領域的佔有慾當然是很強烈的，正面來說，既然征服的過程是辛苦的，所以國王對於守成也是謹慎負責的。

偉特牌的國王是有點年紀的，讀者可以從國王的白鬍鬚當中看出端倪，這也意味著「智慧需要歲月的磨練」；但是老國王還是穿著盔甲喔。

在國王的紅長袍之下，顯露出國王並沒有換下他的作戰工具，甚至他的手上還握著權杖，也是緊張而蓄勢待發的樣子，這顯露了國王並不放棄爭鬥，對於他的領域或是他的成功從來沒有鬆懈的一天。

老國王是認真積極的人，對自己的承諾負責。有佔有慾或是有權力慾望的人，一定必須對自己的慾望負責，這是高尚的自我要求。

延伸的秘義

國王這張牌的出現，必定伴隨著男性或是父性人物的主導意見，培養大格局的觀察是這張牌要引導我們的觀念，遵循理性的規則來駕馭高張的情緒、或是有秩序的控制事件的發展，都是正面的學習「國王」這張牌的深層意識。

假設一個人出現「國王」的正面品質，他必定是將所愛的人放在第一位，因為國王的愛是很成熟的，會為了照顧他所愛的人的需要而盡全力。但某些時刻也意味著「用獨裁的方式表達善意或是愛意」。

機會與挑戰

強勢的國王，身著紅色的衣服，鋼鐵般的意志可能會過於權威，不管他人的情緒或是意願，如果在占卜的時候出現其他權杖或寶劍等負面意涵的牌，也可能代表濫用權力、超過理智判斷。剛才提過的「獨裁的善意」，也可能代表感情的表達失去理智的平衡、過度極端。其他負面的陽性特徵，還包含太過大男人主義，威權具控制慾，或是處理統治能力時不夠圓融等等。

但是，千萬要提醒讀者的是，既然這是一張長者牌，就是要我們注意長者在生活經驗上的正面價值，權威固然是一種自大的表現，但善用權威的影響力才是我們在這張牌中學會的靈活應用。

生活的解讀跟忠告

你對生活的態度是負責任的，你跟伴侶的關係是被責任感所支配，同時在愛情中你也是帶著權威的，很像父親，提醒你，面對自己的感情時，能不能多創造一點激情給雙方呢？

愛情：權威的展現，企圖追求轟轟烈烈的愛情。被事業成功的權威人士吸引。

工作：具領導能力、開創性。適合創業、或是公關部門的執行者。

金錢：物質生活穩定。社會名聲帶來的財富。

性關係：控制力強大、性慾強盛。

塔羅故事

國王手握權杖威嚴的坐在椅子上，他的權力在權杖中自然體現。留著長鬚的國王，卻還是穿著作戰用的盔甲以及顯現意志力的紅色外袍，具有智慧及鋼鐵般的意志。

重要元素

權杖：

是一個有圓圈的古埃及十字架，代表生命，也代表掌握他人的生命。權威的控制象徵。

紅色的衣服：

行動力旺盛，意志力堅強、積極的執行者。如果第一眼注意到紅色，代表應該立刻行動。

牡羊頭：

不妥協的精神，但過於強烈，有時可能有殺傷力。會運用武器來爭取想要的領域。

關鍵密碼

關鍵字：支配、征服、掌握全局、男性、長者

幸運色：紅色

幸運數字：4

幸運藥草：生薑

對應的星座：牡羊座

知名藝人：賈永婕

屬於你的音樂：Caravan, Ella Fitzgerald

（請參考傅子綺之《塔羅爵士幸運點唱機》，滾石發行）

假設你的靈動塔羅牌是數字5

THE HIEROPHANT
教皇

塔羅愛情語錄

愛情在神的祝福中進行，可是
在「自以為善／過度強迫的善」
的體制中終結

教皇牌的愛情故事

宣教士般的強迫照顧

每個愛情都會經歷以下的對話：

「如果我變醜了，你還會愛我嗎？」「如果我出車禍，斷了一條腿，你還會愛我嗎？」很正常的，每個人的期待的答案都是「是的，不管你變成怎麼樣，我都依然愛你。」「因為你還是你呀。」

理想中的愛應該不需要任何條件，「因為你，所以我愛上你」。的確，在愛上某人之前，我們不會要求對方改變，但愛上之後，某些狀況之下，變壞變醜不見得是分手的理由，可是不依從對方「好的」建議而改善自己，卻可能是感情不能維持的理由。

小穎跟志偉在一起已經超過一年了，由於小穎的家境非常富有，女富男窮一向不為大家看好，但說實話小穎從來沒有在意過志偉的家境，「我又不經商，何必考慮對方的財富呢？」小穎老是這麼說。後來被問煩了，有時也會沒好氣的說：「就是我家很有錢，我何必還要考慮對方是否有錢呢！」

在兩人定情之前的事實，不需要被改變，當相處之後，小穎就用她的方式照顧志偉。「這是我給你買的健康食品，可以加速新陳代謝，現在歐美的影視明星都吃這個，讓你的肌肉更結實漂亮喔。」這是溫和的例子。

「今天幾個朋友約我出去吃飯，是要去高級的法國餐廳喔。志偉，我先教你點菜的規矩吧！」這是半強迫性的傳道。

「我幫你買了幾套衣服，可以出席正式場合，你試試看。」「這都是名牌，很貴吧。」志偉拿起衣服問小穎。「你不要在乎錢嘛，人總要幾套像樣的衣服，不然也不能參加一些活動。」說著，小穎幫志偉換上新買的Armani。

「我需要參加什麼場合？平常的我，不也是整整齊齊的嗎？」

「你是很整齊，不然我怎會愛上你呢！但你可以更有型，你看，你穿上這個衣服，跟我那些有錢朋友比起來，一點都不遜色。而且你還更有內涵喔！」小穎一番好意的解釋。

「我的內涵不需要一個有牌子的衣服來證明，你的朋友如果真的會認識我的內涵，也不需要這個牌子。」

小穎對「怎樣讓自己的愛人更好」有她的堅持，「我做的一切都是想讓你更好」，這樣的愛應該不值得懷疑吧。甚至還有宗教家的精神呢！不過，被善意照顧的對方有時也會抗辯：「你愛上我之前就知道我不擅長那些東西，為何現在要我改變呢？」

靈動塔羅牌「教皇牌」顯示了一種狀況：愛情在神的祝福中進行，可是在「自以為善意或著是過度強迫的善」的體制中終結。

牌義解讀三部曲

「教皇」，數字5，是五角星星的圖案，是精神力的象徵；以某一種層面來說，有宗教信仰的人，更能體會精神力的快樂。所以他們會不斷不自覺地將這樣的快樂傳達給他人。「教皇」經過這種體驗和指引，扮演善的使者，不斷傳達宗教或是靈性的力量。這股信仰的來源，不見得是某一種世俗的宗教，有可能只是來自他／她心中的那把尺。

與圖像直覺對話

能夠傳達神秘思想的宣教士，有一種強烈的手勢，像是西方人發誓的樣子！一般人看塔羅牌的時候也許不會那麼注意細節，但請讀者跟自己的習慣對照一下，通常我們在心意很強烈的時刻表達事情，是不是都不自覺的會有手勢出現在講話的當兒，這麼簡單的下意識動作，其實蘊含了教皇有很深刻的信仰，並對自己要傳達的秘義有強烈的自信。

大部分的人都會立刻注意到教皇的皇冠或是手上三個十字架的權杖，這當然是教皇可以領略天命的來源及象徵，不過，神要傳達的旨意，還需要有智慧的人才聽得懂，這就是為什麼地上有兩把鑰匙。電影《駭客任務》有一個劇情是要尋找「Key man」，觀眾一定以為直譯就是「關鍵的人」，而事實上關鍵的人就是製造鑰匙的人。

（另一種說法，則是有緣人才願意被「感化」。就像故事中的志偉，他也可以欣然接受小穎的安排。）

教皇的前面跪著兩個教士正在聆聽或是接受教皇的祝福，很明顯的這張牌表達理性的教導，更廣泛的是知識、文化、信仰的傳達。明確的說，是來自長著對幼者的教導。

延伸的秘義

相較於女祭司是個人對於智慧的內在探究，皇后是愛跟溫暖的散播，國王是強勢的領導，教皇則可以說是結合了以上特質，但溫和的傳達他心中信仰的善意。

所以假設你正和「靈性塔羅牌」是教皇的人交往，顯示：

第一，他（她）的心靈必定比較成熟（教皇一定是長者的代表）。

第二，他（她）溫和的傳達「他（她）所認可的」，沒有國王那麼專制，也沒有皇后那麼濫情，也不會像女祭司那麼自我。（請注意：是「他或她」所認可的，教皇心中自有一把尺。）

（故事中，小穎非常溫和的跟志偉溝通，一直強調「你本來就很好，這些修正只是讓你更好」。）

機會與挑戰

教皇通常坐在兩個石柱中間的「寶座」，看起來很權威的樣子。石柱一方面是讓人有穩定的感覺，另外，也代表物質的穩固（不論東西方的信仰文化、宗教場所不都有來自信徒大方的捐輸嗎）。有趣的是，教皇這張牌跟星座的金牛座是相呼應的，因此負面的教皇也隱含著，對於知識或是信仰的傳達必須先建立在教皇在物質的信心穩固之後。

當然，顯而易見的，宗教信仰絕對是非常尊重傳統的規則，因此個人的創意或變通性就不是重要的考量。這樣的人某種思想是非常傳統的，比如說，從小老師說走路靠右邊走，這就會變成教皇的一種基本信仰。

嚴厲一點的「教皇」（負面的牌），更會強迫他人接受教皇宣達的旨意，壓迫性的傳教方式，或是對於教條不知變通。有時難免會遇到某一種人一直喜歡「說、說、說」，不斷宣傳自己的價值或商品（有點像賣藥的），這也算是一種極端的教皇。

生活的解讀跟忠告

你很真誠的去學習或瞭解關於你以及愛情相關的事情。但是，你是不是迷失在理論裡面？或者迷失在一種自以為是的意識形態？

真正的相處是一種互相的改變以及互相的蛻變，我們應該可以跟不同既存的「自己」的部分結合，否則愛情就永遠只有一種模式。

愛情：你所追求的是一個有知識、可信賴的人，對方比你更成熟，可以帶給你生活的建議，否則你就會更像他的老師，不斷嘗試帶領他。

工作：會得到有知識的長者的支持。善於指導別人，適合教育、心理或是宗教方面的事物。

金錢：有貴人運，提供賺錢之道。

性關係：對方的主導性強大，依照對方規則。

塔羅故事

教皇坐在石椅上，身穿該宗教的「禮服」，頭戴皇冠手拿權杖，右手指著天，像是發誓的手勢，正在對底下兩位跪著的教士說些什麼。

教皇的腳下放著兩枝交錯的金鑰匙，跪著的教士引頸等著從教皇口中得到指引。

重要元素

皇冠或是權杖：

皇冠是三重冕、權杖是三重十字架，都是代表來自上天意旨的象徵。教皇藉此得到神所賦予的智慧。

右手的手勢：

傳達神秘主義，傳達教皇的思想。對於自己要傳達的思想非常堅定。

地上的鑰匙：

解決問題的關鍵。教皇只是一個傳達者，並不能真正幫下面的教士開啟智慧，除非教士注意到開啟智慧需要的鑰匙，而這不需要外求，就在教士的腳邊。

兩名跪著的教士：

問道者，有疑惑的人，當然也是有心想解決問題的人。

關鍵密碼

關鍵字：精神指引、具信賴的規則、傳教

幸運色：紅色、白色

幸運數字：5

幸運藥草：鼠尾草

對應的星座：金牛座

知名藝人：關穎

屬於你的音樂：When The Saints Go Marching In, Helen Humes

（請參考傅子綺之《塔羅爵士幸運點唱機》，滾石發行）

☆假設你的靈動塔羅牌是數字6

THE LOVERS
戀人

塔羅愛情語錄

愛情讓毛毛蟲變成蝴蝶，
但在沒變成蝴蝶之前，毛毛蟲
不會放棄變成蝴蝶的機會。
這是生物的本能

戀人牌的愛情故事

認定另一半的瞬間

感情中，最恐怖的狀態就是搖擺，但有時這也是尋找「對的人」的必要之惡。只是每個人的搖擺長短不同。

Jason已經談過不少戀愛了，無法正確說出「次數」的原因，是因為有時有固定對象，有時overlap（重疊），有時「這不算是正式戀愛」（Jason自己的定義）。不過，Jason從來沒有「沒有約會對象」的時候，照他的說法：「愛情讓毛毛蟲變成蝴蝶，在還沒真正變成蝴蝶之前，毛毛蟲不會放棄變成蝴蝶的機會。這是生物的本能！」

這真是很撼動人心的想法，相較之下，將人分成「寧缺勿」或是「寧濫勿缺」的我們，就好像沒有他那麼認真的體驗生命?!

夏天，是招蜂引蝶的季節。期待變成蝴蝶的Jason，在今年夏天和一位頗有姿色的女子認識了。約會過幾次，談起喜歡的旅遊、喜歡的音樂，Jason對這個女生說：「我們才剛認識，可是怎麼覺得我認識你好久。」

兩個人都喜歡陳昇，「他的音樂讓我有跟戀人私奔的感覺。」女子這麼說，「夏天就是適合私奔的季節，不用帶很重的外套，穿比基尼就可以私奔。」這樣的談話實在太像Jason靈魂中失落的另一半會講的話，不然怎麼會跟他有這麼深的共鳴呢！

「走吧！我們去海邊當作一種私奔的預演吧。」說著，Jason大膽的、主動的牽起女子的手，他可是認真要執行這個計畫。兩個人就真的驅車前往澳底海邊。

已經是傍晚時分，海潮聲中還有暑氣，是夏天的味道。在規律的浪聲中，女子哼起了陳昇的歌：「然而你永遠不會知道，我有多麼的喜歡，有個早晨，我發現你在我身旁；然而你永遠不會知道，我有多麼的悲傷，每個夜晚，再也不能陪伴你……」兩個面對海邊的身體，牽著手前後的搖擺著，暮色已近，海邊的星星一顆顆亮起來。

Jason看到海邊的船上有著點點燈火，頭轉向女子說「漁火好美」，女子轉頭看Jason，稍稍點頭。這是兩個人都認同的時刻，Jason抱住女子，他們接吻了。

對「戀人」而言，是在認可之前，就有「似曾相識」的「感覺」（感覺？這實在是虛幻的說法），一首歌或是一幅畫，會是他們認定的「契機點」。他們對這熟悉感的解釋是，

自己所愛戀的對象是長久以來失落的「另一半」，從彼此出生的那一剎那，就是在尋找失落的那一半所提供的滿足。

Jason在這個夏天以為自己又往蛻變為蝴蝶之路前進了！

牌義解讀三部曲

「戀人」，數字6，前面幾張牌的溫情都是廣泛的，當溫情的對象縮小範圍為愛情，對象就是情人，而宇宙間第一對戀人就是亞當和夏娃。這是一個尋找從自己身體的某一部分而另外萌芽的另一具肉體的過程和經驗。

●●與圖像直覺對話

這恐怕是塔羅牌當中最為溫馨、也最易理解的一張牌，不過這張牌可是有演變的。目前所流傳的偉特牌是亞當和夏娃看著彼此，有一位天使正施展能量給他們祝福。而古代版本的「戀人」牌（例如馬賽牌）則是一個男人在兩個女人當中選擇，並且圖畫中有天使邱比特將他的箭射向其中一名女子，意味著男人已經做出選擇。

這實在是一個殘酷的圖案，所以愛情的本質當中，其實潛在著殘酷的選擇。

還好我們現在看到的是天地第一瞬間的感覺！不論你所認同的亞當夏娃故事，是誰變出誰，誰是骨頭誰是肉，他們都是彼此「肉身的一部分」，所以「戀人牌」恰巧呼應的是占星學上的「雙子座」。

既然是兩個人的故事，彼此就不能單獨存在，因為一個人無法上演兩個人的故事。夏娃身旁的蘋果樹散發著果實成熟的香味，而樹上的蛇則傳遞了「知識結合」的訊息給兩位（蘋果樹也是知識之樹）。

是誰勾引誰已經不重要，重要的是亞當和夏娃不能獨活，這就是尋找生命中失落的那一角的故事。所以「靈動塔羅牌」是「戀人牌」的人，永遠擔心「單獨」，總是在尋找「讓生命圓滿的另外一個部分」（所以故事中Jason一直視追尋愛情為神聖的蛻變過程）。

延伸的秘義

「結合」不見得只是感情事件，也代表合作夥伴，溝通、交換、結盟。蘋果樹（也是知識之樹）上的蛇，讓亞當夏娃有了第一次的交換，第一次的結合。人是群居的動物，透過合作體驗溝通與成長，所以「合作」、「交換彼此的某一部分」是邁入生命另一個過程的開始，接下來的考驗才要開始。

還有一個引伸的意義，根據心理學家容格的觀念，每個人體內都有男性跟女性的部分，每個人都應該認清自己的男性特質跟女性特質，並把這兩個互補的因素整合，這樣一個人才會完整。

給自己一個功課，你對另一半的期待是不是因為你體內缺少某種特質?!為了滿足這部分，是一定要靠他人的滿足還是可以靠自己後天的學習?（有時候，愛情是一種藉口：男生想找免費傭人的藉口；女生想找免費長期飯票的藉口。更一般的狀況是：彼此孤獨的藉口。）

機會與挑戰

如上所述，愛情的選擇是一種「先天之惡」（或是「必要之惡」），有選擇就有風險，有時我們選擇錯誤，有時我們的選擇不是心裡最需要的，倘若你在愛情牌陣中，占卜到的「戀人牌」是負向的，那可能代表選擇錯誤或是有問題的關係。

另外，觀察你的愛情關係中，有沒有因為「由二變成一」而變得更快樂，假設有，恭喜你；假設沒有，代表你的「結合」過程、「溝通」過程，不是正向的成長，簡單的說，**沒有一加一大於二的關係就不值得結合**。

生活的解讀跟忠告

對於自己的所有面向，你現在最關心的就是愛情關係，或是很多種（就是不只一個）親密關係。假設你在占卜的時候拿到這張牌，儘管是為了工作，你還是會將愛的因素放在你工作的考慮裡面。

還有一個美麗的提醒喔！現在該是要「愛別人」的時候了，這句話不是保證這個愛情一定會修成正果，只能說這畢竟是一個甜美的過程，記住，不管結果如何，這都是一個真心的印記。**愛情本來就不一定是為了社會化而結合**。

愛情：一見鍾情似的愛情開始。

工作：充滿了爛漫氣氛的工作，適合從事婚紗等愛與美的相關事業。

金錢：可以與人合作結盟。

性關係：美滿、爛漫。

塔羅故事

從《聖經》創世紀的神話，亞當身後是生命樹。夏娃後面的則是蘋果樹（智慧樹）和蛇。愛情不只是選擇A或是選擇B的問題，還有最原始的純真與智慧的本性選擇。吃了生命樹的果實，會得到永生；吃了智慧樹的果實，可以有人類的自主性，但也需要從此靠自己的智慧辛勤維生。

重要元素

天使：神的使者，象徵對這場愛情的見證。也代表需要見證才有勇氣執行愛情。

生命樹：

亞當身後的猶太生命樹，有十二顆果實，吃了會長生不老。如果第一眼注意到這棵樹，代表不期待愛情的救贖，保守。

蛇：

纏繞在智慧樹上的蛇，代表了誘惑，當然有性的暗示。

關鍵密碼

關鍵字：快樂的愛情、溝通、爛漫的結合

幸運色：橙色

幸運數字：6

幸運藥草：荷蘭芹

對應的星座：雙子座

知名藝人：蔡依林

屬於你的音樂：PS. I Love You, Jimmy Scott

（請參考傅子綺之《塔羅爵士幸運點唱機》，滾石發行）

假設你的靈動塔羅牌是數字7

THE CHARIOT
戰車

塔羅愛情語錄

愛情是人類演化的缺陷，
我們需求它，卻無法自體滿足，
甚至也無法生產它

戰車牌的愛情故事

等待正面鼓勵的行動

仔仔終於鼓起勇氣約了喜歡的女同學，第一次的單獨約會，仔仔選在最能彰顯自己優雅藝術品味的美術館。

這是「達利」的展覽。達利在台灣實在太熱門了，難得的，美術館也擁擠了起來。有家長帶著孩子，孩子一邊玩耍之下，差點撞上了女生。仔仔善意的用左手圈住女生的半個身軀，想要避免頑皮的小孩打到他的女伴。女生沒有迴避！

後來，仔仔就一直站在女生的左後方，不過自己的左手已經放下了，「總不能第一次約會就一直抱著人家吧！」仔仔自己揣想著。

在經過達利那幅標題為「時間」的名畫前，女生轉了頭說：「你對超現實的想法是什麼？」

「兩個相異或是不相容的元素，在同一個時空相遇。」仔仔回答得很簡短，不像教科書，但是非常有他自己的思想。

女生聽了，沉默了一下，然後說「這樣子呀」，然後女生的手輕握住仔仔的手，只有兩秒鐘，然後就放下，接著說：「像不像我們兩個？」

不等仔仔回答，她又將頭轉回去看畫。

仔仔還不知怎麼回應，但潛意識覺得女生的動作多少是有意義的：有可愛、渴望、期待的暗示。愛人的過程是尋找「徵兆」，就像演員在等導演拍那個板子，說「開麥拉」！

總不能今天只是一場「意象式的」「柏拉圖式」藝術饗宴，這不是仔仔今天的目的。事實上，原本他的企圖心是非常強的……

在出美術館前，照例要去Gift Shop買點紀念品的，於是他們倆又看到那幅著名的「時間」被製作成各種紀念品，手錶、T恤、馬克杯、月曆等等。

女生拿起「時間」的手錶問仔仔：「時間對你的意義是什麼？」

仔仔想了一下，吸了一口氣：「『時間』只是一幅畫，被大量複製之後，沒有意義；可是因為你，所以這個『時間』對我有意義！」

女生燦爛的笑著說：「我以為你永遠不會說！」

牌義解讀三部曲

「戰車」，數字7，具行動能力的圖像，而行動必定要有方向，所以這張牌的提醒就是「方向感的確立」。

與圖像直覺對話

「戰車」不只是一台車，從塔羅牌的圖像中，有一名王子手持權杖在車上駕馭兩隻野獸，看樣子是要能統合這兩隻野獸的共同速度跟方向，才能讓車子穩定且快速的達到目的地。

這兩頭野獸都是人面獅身的神獸（Sphinx），西洋神祕學中這兩隻神獸代表潛意識的智慧、力量，其中一黑一白也暗示了二元世界的對立跟和諧。因此，看樣子是兩個完全相反意識，卻被綁在同一台車子上，如果要駕馭牠們，端看王子（讀者）的「潛能」是否能與這兩隻神獸溝通。

塔羅牌的圖案、顏色配置一直都是有固定含義的，王子肩膀上藍色的部分是和女祭司一樣的月亮圖案，顏色也是藍灰色的。前面介紹過女祭司的月亮是與潛意識交談的象徵，現在出現在戰車的王子衣服上，也是一樣的意涵。能駕馭人面獅身的王子必須能解讀潛意識的想望，還有需要肯定的心理答案。（所以故事中仔仔一直在等女生的指示。）

綜觀來說，雖然這是一張看起來「衝動」／「有勇氣」的牌，可是如果不懂自己內在的秘密跟渴望，還是無法驅動這兩隻人面獅身的神獸。這也是為什麼塔羅牌7「戰車」跟占星學的「巨蟹座」相呼應的道理。

延伸的秘義

事實上，西洋神祕學中，7的確是謎的綜合（塔羅牌的小牌其他四種圖形的數字7也都有迷惑的情境）。仔細看看這輛戰車正橫跨水跟陸的兩個交界，水是情感跟意識的世界，陸地則是現實的生活。

所以以單純占卜來說，拿到這張牌通常都有陷入兩難的考慮，不過通常占卜者本身已經有了答案（聽從自己的潛意識），只不過，需要別人肯定以加強信心使之更前進。信心，才能駕馭戰車前進。

機會與挑戰

既然這張牌有謎般的暗示，所以這張牌同時面臨的挑戰就是「行動V.S.牽制」。兩隻人面獅身的神獸可能意味著不同的抉擇，理論上主控權還是在「王子」身上，不過，誠如**愛情是人類演化的缺陷**（我們需求它，卻無法自體滿足，甚至也無法生產它）；所以這張牌天生演化的缺陷就是「在行動的過程中，一直需要某種聲音的鼓勵跟驅動」。

往好處想，王子身上是有權杖的（跟國王的權杖一樣有力量），但沒信心的人就時而對權杖的能力感到懷疑。

要克服先天的缺陷總是需要很多次的練習，當做決定變成習慣時，就不會害怕做決定了。

生活的解讀跟忠告

這張牌對應的星座是巨蟹座，所以這一張是講「控制」的牌，但是既然圖面上有男有女，就是提醒我們「雙重力量、陰性陽性力量」的平衡，因此你目前的生活雖然控制力強大，但要記得平衡的美感。

而現在的感情關係，是一種權力的課題，說實話，太多的控制會讓人累，因此儘管感情需要正面的鼓舞，也建議不要太執著。

愛情：應該積極主動，不要遲疑。

工作：可以接受新的挑戰，非常實事求是。

金錢：投資可以有斬獲。

性關係：喜歡溫暖的相處關係。

塔羅故事

王子駕著戰車跨越河邊，進入陸地，頭上的王冠有星星的能量，車棚也是星星的裝飾，象徵可以夜以繼日的開拓。

重要元素

星星的王冠：

跟前面「皇后」的皇冠是一樣的，象徵天上的十二個星座，代表能量是上天自然賦予的，也有靈敏度跟萬物溝通。

王子肩膀上的兩個月形裝飾：

跟前面「女祭司」頭上與腳邊的新月是一樣的，都是自然界的變化，強調從自然中找到啟示。也是從自然界中暗示潛意識的存在。

人面獅身：

Sphinx是古代埃及的神獸，是智慧跟力氣的綜合體。也代表兩種相反力量的結合，如果能結合兩個相反的力量，那將會是非常傑出的整合行動。

關鍵密碼

關鍵字：行動、積極進取、控制、征服挑戰

幸運色：黑、白、藍

幸運數字：7

幸運藥草：蒲公英

對應的星座：巨蟹座

知名藝人：胡瓜、仔仔、季芹

屬於你的音樂：Take The A Train, Eddie Jefferson

（請參考傅子綺之《塔羅爵士幸運點唱機》，滾石發行）

塔羅愛情語錄

愛人的過程是尋找「徵兆」，就像演員在等導演拍那個板子，說「開麥拉」！

☆假設你的靈動塔羅牌是數字8

STRENGTH
力量

塔羅愛情語錄

「柔弱勝剛強。」
感情世界也用得上的哲學

力量牌的愛情故事

致命的吸引力

健身房。一個男人舉著啞鈴正在訓練自己的臂力，單調反覆的動作中，男人好像就這樣越來越有自信了。近看他有一點點魚尾紋，每次舉手施力的時候，還有一點點的抬頭紋，可是緊閉嘴唇的面孔還蠻帥的，很像西方人的五官。他叫小邱，今年四十歲。

另一個房間傳出「抬腿、左邊、one more、two more」的聲音，女教練矯健的身體、洪大的聲量，展現健康健美的魅力。她叫小芹，剛滿二十五歲。

課後，小芹老師自健身房走出，緊身運動式胸衣，緊身運動長褲，亮黃色，非常引人注意。韻律教練當然是身材健美，走路時抬頭挺胸，自信非常，走到哪，都是眾人目光的焦點。小芹經過器材區，這時小邱平躺著將兩臂上的啞鈴往上舉。他們有了第一次目光的接觸。

沖洗完運動過後的身體，小芹準備離開健身房，天空正下著大雨，小芹沒帶傘，只好冒著雨招計程車。突然間雨小了點，喔，不是，是有人幫她撐了傘，是小邱。

「好巧，我剛剛有看到你。」小邱問小芹要不要搭他的便車。

接著呢，很像電影《致命的吸引力》，從搭便車，到吃飯，然後兩個精力充沛充滿性感的人就會去跳舞。舞廳中，動感的音樂、性感的身體、美妙的律動，加上一點酒精，這真的是非常好的「前戲」。

已經三點半了，小邱開車送小芹回家。到家了。「我今天非常快樂。」小芹說。然後她親了小邱嘴唇一下。「我也是。」小邱回答。然後也親了小芹嘴巴一下。

她回吻。男方抱住女方，兩個人的身體緊緊壓著彼此，車上空間有點小，手煞車還擋在彼此中間，「到我家吧。」一邊接吻的嘴，一邊吐出這樣的建議……

牌義解讀三部曲

「力量」，數字8，將數字的8橫寫，就是數學符號無限大的意思；這個符號在這張牌出現，在西方神秘學中一樣是意含著無限力量。回應東方有所謂的「八卦」，也有無限包容的意思。

與圖像直覺對話

我個人認為這張牌是塔羅牌當中相當有「老子哲學」的一張牌：「柔弱勝剛強」。一個溫柔的女子站在一隻獅子旁邊，她的雙手放在獅子的鼻子跟嘴巴的旁邊，可能是要將獅子的嘴闔上或是打開。

理論上獅子是非常凶猛的動物，女子怎麼敢接近牠，甚至還要闔上牠的嘴呢?所以這樣的「力量」，要不就是大到「非常大」的地步（女子頭上有無限大的符號）；要不就是有智慧的力量，像馴獸師的魔法，這也是無限「魅力」的力量。

還有個有趣的影射：這是征服動物本能的力量。如果讀者看過其他的塔羅牌也許會發現他們將「力量」這張牌畫成「女子坐在獅子身上」，象徵征服（如克羅理．托特牌），同時也暗示了「極大魅力，征服原始『性』的本能」（這張塔羅牌在愛情中通常伴隨著性的意涵）。

前面提過，塔羅牌當中的顏色都有既定的意思，這張牌的顏色是偉特牌標準的大自然顏色，所以也提醒我們「最大的力量來自自然」、「向大自然學習（生命）力量」。

延伸的秘義

學習塔羅牌最單純的想法就是「右腦開發」，因此你對這張牌最直覺的聯想通常是「文明的力量勝過野蠻的力量」、「精鍊的智慧征服單純的武力」，不過，我們從圖像中還能得到其他提醒。

就是「**身體的力量**」。

既然這完全是針對「身體」力量的征服，自然也隱含了「身體形象」的重要。用現代白話文來說，「身體形象」就是「身材」。

請不要以目前商業廣告對我們身材的要求來回應這張牌，頂多可以承認的是「健康的身體」、「展現力與美的身體」會散發非常大的自信，而自信就是一種魅力。所以一般占卜拿到這張牌時，也多半意味著「外在的吸引力是這個愛情的考量之一」。

機會與挑戰

過度展現魅力就是力量牌的失控狀態。比如說，你極度想要用自己的魅力來征服某一件事，也許會成功，但可能顯得過度強勢，也許一時之間，他人無法拒絕你的要求，但畢竟不是心甘情願。

既然是「柔弱勝剛強」的哲學，就要發揮「四兩撥千金」的功夫，如果你的靈動塔羅牌是這張牌，要時時將這個當作座右銘提醒自己，凡事不要硬碰硬，有時大自然會教你最簡單的以柔克剛的方法。

生活的解讀跟忠告

目前你對生命、新事務有很深的慾望，基本上你現在非常「hot」。所以你對異性或異性對你都充滿了巨大的吸引力，甚至你的心靈線路全部都是有關於「親密關係」，建議你讓熱情流動在其他方面，過度縱慾也是很累的。

愛情：魅力無法擋。

工作：精力充沛，認真工作的人最美麗。

金錢：工作會獲得很好賞識，得到很好的報酬。

性關係：致命的吸引力。

塔羅故事

女子身著柔軟的白衣，在大自然的背景之下，赤手空拳的馴服了獅子。

重要元素

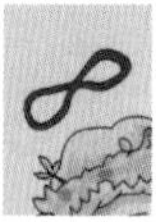

頭上的無限符號：

無限大的力量。如果你第一眼看到這個符號，象徵你善用無限大的力量征服任何事情。

女人：

這是柔弱勝剛強的另一個明證。塔羅牌用女性來代表「力量」，即是想強調「上善若水」，最柔軟的女人，卻可能有堅強的魅力。有時也是「性」的魅力。

獅子：

象徵原始的慾望、強大的力氣。也代表目前要征服的形體對你產生了壓力。

關鍵密碼

關鍵字：意志力、魅力、自信

幸運色：黃色、橙色

幸運數字：8

幸運藥草：辣椒

對應的星座：獅子座

知名藝人：吳宗憲、丁小芹

屬於你的音樂：Smile, Jimmy Scott

（請參考傅子綺之《塔羅爵士幸運點唱機》，滾石發行）

假設你的靈動塔羅牌是數字9

THE HERMIT
隱者

塔羅愛情語錄

當你想要往自己內心追尋，
「孤獨」的痛苦就轉變成
「單獨」的喜悅

隱者牌的愛情故事

穩定的關係

在學校教務會議上，Jay慷慨陳詞暢言身為一個高等學府的教職人員應該展現的使命。Jay總是言人所不能言，對於理想，他有他的堅持。會後，僅跟一位好朋友溝通下一個研究計畫的進度，然後隻身離去。

Jay是一位不到三十歲的大學教授，年紀輕輕就拿到美國知名學府的博士學位，回國之後，也很順利的找到教職，不過其俠士般的作風，並不是學校派系的主流。但年輕又直率的風格倒是吸引很多學生的仰慕。

在女學生圈，總是有人偷偷觀察這樣的男老師，「我上次看到他開車載另一個女老師。」有女學生這樣說起他。「真的假的?!」「他到底有沒有女朋友呀?」「我覺得他是屬於霸道式的爛漫耶，跟他談師生戀應該很特別吧。」

Jay幾乎花了所有的心思在他的工作上，包含學術研究，還有他的興趣「政治評論」。

Jay並不是政治系的教授，也沒任何黨派，但他關心政治，經常投書媒體發出不平之鳴。可是也從不見他加入政黨或是派系，也不像有心從政的人一樣參加很多民間社團或媒體活動，他就怪怪的愛發言，卻也看不出什麼目的。

在公開場合中，沒有看過Jay帶著女伴，他也說他自己沒有女朋友，可是友人看過有一個女生經常出入他家，有時還幫他帶晚餐。其實這是Jay多年的「紅粉知己」，Jay沒有介紹過這個女生為「女朋友」，他認為「女朋友」這個定義每個人都不同，他不需要為了別人的定義而去稱呼某一個人為「女朋友」。

偶爾他們會一起看電影，女生生日的時候，如果Jay有空，他會去買個禮物送給她，有一年暑假Jay還請這個女生去帛琉度假，兩個人還拍了幾張照片留念，不過，Jay的家裡絕對不會放任何人的照片。

「這不是針對你，我本來就不習慣有照片。」

人是社會性動物，Jay曾經說過：「大部分的人是透過別人的眼睛來認識自己。」Jay卻堅持：「有自我的人不需要別人來證明自己的歷史。」所以Jay對愛情的態度是：「我們不需要因為別人定義一個女朋友名詞，就去發展一個女朋友關係。如果我們有一種關係，我們自己會清楚那是一個什麼形式。」

跟Jay相處有某種程度的辛苦，不過他也有讓人寬慰的部分。Jay生性嚴謹，所以沒有「暫時性關係」這樣的態度，穩定的關係是他的個性，他沒有說過天長地久，但他說過一句話：「我跟你在一起，我們不用注意次要情節，因為有一種主要情節，就是『真實』一直沒有被取代。」

牌義解讀三部曲

「隱者」，數字9，這是一個圓滿的數字，傳統西方的神祕學當中，9是精神上的滿足。所以，「隱者」的目標就是追求精神上最大的滿足。

與圖像直覺對話

這張牌有非常深刻的「自我」意識，堅持的地步超過你我想像。一個老人站在雪地，穿著長袍，手上提著一盞燈照亮了他即將要走的路；背景是灰暗的，但經過他那盞燈照過的地方，有一些光暈。

看起來是很孤獨的路，又是雪地、又是昏暗，不過，「隱者」並沒有害怕的表情，自有他的堅持。高舉的燈光是「隱者」準備要走的路，不管這條路是孤獨還是困難，隱者不在乎是否獨行，只要能到他想要的地方（特立獨行的代表）。

在傳說中，「隱者」的個性是非常「有自己的價值觀的」（甚至是異於一般人的價值觀）。既然隱者多半是離群索居，所以就不會役於物、役於事。

前面一開始就提到「自我意識強烈」是隱者最中心的價值，倘若「隱者」決定要做什麼，不會在意他人的看法，也不需要他人的鼓勵；因此，「隱者」不僅是自我意識強烈，其實還非常有自信。

方向感，也跟文化認同有關。一般讀者可能不會注意，隱者的燈光是向著「左邊」，**左邊在潛意識是指著「過去」**。因此靈動塔羅牌是這張牌的人也比較念舊，他們認為，「過去的經驗」對此刻的人生經驗有很深的意義。

從圖面就可以看出「隱者」不是一個年輕人，我給隱者這張牌的建議是「定期的反省」，隱者很容易從過去的經驗累積或想出新的出路。

延伸的秘義

既然「隱者」是一個人的價值觀的堅持，所以在占卜的時候，這張牌也通常顯示占卜者目前在一個「任務」中，只是這個任務不見得很多人看好，也不一定很多人支援。不過，隱者就是能夠自己提著燈籠、給自己力量的人，所以要堅持下去，不需要理會他人的價值觀。

另外的延伸是關於「旅行」或是「出發」。既然有新任務，「往前走」是很正常的，跟隱者相關的建議是「研究性的旅行」，所以感情的新進展也是要讓對方感受到你的特立獨行，自有一種「千山我獨行」的俠士風範最讓人仰慕。

機會與挑戰

然而「獨行」代表不是簡單的任務（如果大家都看好，就會結伴同行），所以這張牌也暗示「還需要耐心」。觀察一下「隱者」牌，隱者的眼睛是閉著的，建議你透過內心的沉澱，尋求自己的幫助。

另外，嚴厲的「隱者」也會顯得有點不近人情。可能是因為太堅持自我的理想，或太追求完美，所以不願接受別人的建議。也可能很難加入團隊合作。

有時，又顯得過度保守，只相信自己過去經驗。

生活的解讀跟忠告

此刻的你拒絕膚淺的社會化，也暫時不想跟一堆人盲目的進行外在追求，現在你只想追求自己的內在。當你想要往自己內心追尋，「孤獨」的痛苦就轉變成「單獨」的喜悅。接受這樣的狀況——「你就是得靠你自己」，你就能夠找到所有的答案跟解答。

愛情：暗戀，追求柏拉圖式的愛情。

工作：喜歡獨立的工作，類似研究工作或考古學。

金錢：謹慎理財、保守的。

性關係：孤僻自我。

塔羅故事

中古世紀的隱者，為了找自己的理想，願意一個人孤獨的走自己的路，手提的燈照亮自己獨行的路，也給自己勇氣。同時也吸引了其他注意到隱者燈光的人。

重要元素

燈籠：

裡面的燈光呈現出六芒星的圖案，是極善之光。給自己方向，光芒夠亮的時候，也會照亮別人。

（但照亮他人不是隱者的本意，隱者不是主動想要影響他人的人。）

雪地（山頂）：

離群索居最明顯的特徵。會注意到這個細節的人，可能現在心境真的很想離群索居，不想和世界爭辯。

手杖：

登山者的輔助工具。代表獨行的時候依然需要工具，意謂著這個任務需要尋找工具的輔助。

老人：

這個隱者的主體。所以這是一個非常執著的形象，所以執著於自我身上。

關鍵密碼

關鍵字：追尋真理、謹慎、沉思

幸運色：灰色、白色

幸運數字：9

幸運藥草：甘草

對應的星座：處女座

知名藝人：周杰倫、王力宏、小S

屬於你的音樂：Easy Living, Etta Jones

（請參考傅子綺之《塔羅爵士幸運點唱機》，滾石發行）

☆假設你的靈動塔羅牌是數字10

WHEEL OF FORTUNE
命運之輪

塔羅愛情語錄

命運，總會有新的安排

命運之輪牌的愛情故事

命運總會有新的安排

相處一年半的時間，男人對小蕙說「我從來沒有愛過你」。經過這次椎心刺痛的「感情」之後，痛的心燃起的恐懼跟失望，讓小蕙再也不相信世界上有真的感情。

「男人要的就是『性』。他們沒有感情的，這是基因的問題。」小蕙在夜店跟友人這麼說。接著撩動性感的長髮，吆喝朋友一起下舞池，扭動性感勾人的水蛇腰，眼神則在尋覓可能的獵物。

離開那個男人之後，小蕙經歷了兩年的「要死不活、以淚洗面」的日子，之後她認為既然這樣的付出都得不到真心的回饋，何必還要傷神。男人只是依賴女人的照顧，索求女人的身體，所以她要公平的玩、公平的得到回報。她上瑜伽課讓身體變得更柔軟，學習「性」的技巧。並且，她做了隆乳手術。

她開始交很多男朋友。小蕙的姿色本來就不差，加上裝扮之後，就很有魅力。練習瑜伽之後，身材修飾得更好，而在「三十如狼」之後，她對性的操控更好。

當然，她知道pub的調情男子不會是真情，有錢的公子哥根本不懂感情，事業有成的成功男士更是自私得無情；所以她也知道男人只是消耗時間的工具，就像男人在她身上也只是消耗體力而已。

為了接近有錢的男人，小蕙還學習高爾夫球。在球場上，她認識了一個二十六歲的助理教練。小蕙知道這位小朋友在注意她，她就給他機會，讓他教自己打球。

「不要愛上我喔，」小蕙這樣逗他，「我沒有愛情，可是我可以當你的姊姊，教你如何追女生，還有如何享受女生。」

「不要這樣隱藏你的真心，你的美麗需要真愛的裝飾。」小男生認真的對她說。

「真愛？你是說那個叫作『真愛』的鑽石嘛！我是真的很需要，誰送給我，我就願意給他『真心』。」說完就把小男生的手放在自己做過的胸部上。

有些人對這樣的女生就放棄了，這樣就無法成為一個愛情故事。小男生沒有放棄，雖然不是追得很勤，卻很有毅力，他對「愛情」這件事有信心。

「你想跟我上床嗎？」小蕙問。

「想。」男生直接的回答。「我想有一天你躺在我的臂彎的時候，可以感覺到我的幸福是來自你感受到幸福。」

「你說得很有趣，男人的確是因為女生被他『征服』所以覺得『性』福。」小蕙接著回答。

「我不是這個意思，我希望讓你體會有愛情的性跟沒有愛情的性一定是不一樣的。」小男生很堅持。

「我可以等到你放心的時候再開始。我們可以慢慢來。你還是每個星期來學打球，你可以繼續嘗試跟別人約會，但是請你體會有愛情的交往跟沒有愛情的上床的不同，你不是笨蛋，你還有『心』，你一定會感受我的真心的。」小男生說到「心」的時候，特別把手壓在心上。

小蕙把臉轉向球場，然後揮了一桿，緊閉著雙唇，沒有回話。

小時候老師總說「要小心，不要隨便相信陌生人」。**會失戀，也許就是因為我們相信了陌生人**，一個根本沒有真正瞭解的人。但陌生人也不見得都是壞人吧，也許我們應該認識對方，當不再是陌生人之後，再決定要不要相信他。

「陪我把這局打完吧！」小蕙決定接受命運新的安排。

牌義解讀三部曲

「命運之輪」，數字10，從數字9的一位數變成10的二位數的變化，意味著從基礎的世界，進階為跟物質世界互動，所以外在客觀世界會影響主體的機會越來越多。這張牌就用一個輪子的圖樣，象徵人生的旅程出現了一個轉變，沒錯，命運之輪正代表了這一個意義，轉變的契機。

與圖像直覺對話

這張牌非常玄妙，不管你是否懂得西方的神秘學，一定會覺得這張牌的每一個圖案必定有深刻的含義。中間一個輪子，上面的文字看起來是某種「咒語」，其實就是「TORA」（跟女祭司手上的書寫的一樣），是「道」（智慧）的意思。

牌的四端有「獅子」（象徵火）、金牛（象徵土）、捧著書的天使（象徵風）、老鷹（天蠍座的化身、象徵水），在命運之輪的四方是組合這個世界的四元素「火、土、風、水」。

在四個能量的交互作用之下，命運開始轉動。所以這張牌最基礎的意思就是前面所提到的**「因為外在客觀環境的變化，主體將發生影響」**。

中間的圓盤則充滿了神話的特質。上方持劍的人面獅身（Sphinx，史芬尼克）是「潛意識的智慧」（跟戰車牌的神獸是一樣的），但是還多了劍，所以更有判斷的能力；左下方的蛇是黑暗之神賽特（Set），是埃及神話中沉淪跟黑暗的力量；右邊狼頭人身「阿努比司」，在埃及神話中他掌管靈魂跟重生，是靈魂的守護神。

這說明了命運的運轉不僅受到外界「風火土水」的影響，時而內心黑暗的影響力、時而靈魂正面的重生能力、還有智慧的判斷，都會影響命運之輪的轉動。

解讀這張牌的時候，**你的第一眼觀察，將顯露你目前心裡的秘密**。

延伸的秘義

命運之輪並沒有正反位的牌意差別，但絕對是一個轉變的契機。

我倒是真的想告訴讀者，「轉變必定是好機會」，雖然負面的黑暗之神、正面的重生之神都有不同的能量，不過塔羅牌真的是很有哲學思想的，塔羅牌是序列性的故事：前面

「隱者」已經給你從孤獨中磨練得來的智慧，因此現在運用智慧必然會為你帶來成功或者扭轉現狀的契機。

生命每一件事都有它自己的時間，順著時間自然會有它的結果。只要是「命運之輪」出現的時候，就是這件事的時間點到了。

而靈動塔羅牌是「命運之輪」的人，通常都是最會創造時機、最會把握時機的人。

機會與挑戰

有一位我個人相當尊敬的命理老師告訴我一個故事，他描述有宗教信仰的人比較傾向往前看生命進展的美好。我們認為天上自有一個萬能的神，轉動命運，寄望「明年一定會比今年更好」；卻不是寄望「明年我會有一個更好的機會」，因為機會是在每天運轉的過程中就會產生了，所以不是命運之輪的突然出現帶給你機會，而是因為命運每天都在運轉著，所以轉出很多可能性。

這就是德國諺語說的：「每一個人都在打造他自己的幸運。」

生活的解讀跟忠告

只要順著命運的洪流走，萬物自有應該的命運。這就是給你最好的金玉良言，所以你現在對任何事都不用過度擔心啦！Cheer up！

愛情：運氣來臨，開展新戀情。

工作：工作獲得晉升，或是創業。

金錢：財運非常好，賭運好。

性關係：非常享受，很自然。

塔羅故事

命運之輪在中間，直接影響它上下運轉的有三股力量：「人面獅身」、「蛇」、「狼頭人身」；周圍的大環境則是「天使」、「老鷹」、「金牛」、「獅子」，他們都在讀書，甚至輪子的中間鐫刻的字也是「智慧」。（可見唸書真的能帶來智慧）。

重要元素

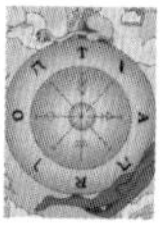

命運之輪：

擁有「TORA」加持的智慧之輪，代表命運即將產生新的變化。命運之輪開始轉動了，一切都會有新的景況。

持劍的人面獅身：

Sphinx史芬尼克，在輪子的上方控制平衡感跟穩定，象徵人類的智慧，持著劍更擁有理智的加持。

蛇：

埃及黑暗之神Set賽特，掌管黑暗跟陰影，他的動作是拉下輪子，讓命運往下沉淪。

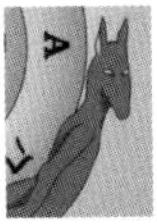

狼頭人身：

阿努比司是靈魂的守護者，他的動作是是往上提升，命運之輪經過他重生的力量而往上運轉。

關鍵密碼

關鍵字：契機、命運的來臨、演變

幸運色：橙色、黃色

幸運數字：10

幸運藥草：榆

對應的星座：木星

知名藝人：章小蕙

屬於你的音樂：Wheel Of Life, Oscar Peterson

（請參考傅子綺之《塔羅爵士幸運點唱機》，滾石發行）

假設你的靈動塔羅牌是數字11

JUSTICE
正義

塔羅愛情語錄

公平，是最基本的，
在感情上有時卻那麼難

正義牌的愛情故事

相信公平的回饋

（續前「命運之輪」）小蕙決定接受命運新的安排，所以偶爾跟那位小助教約會。

這種約會跟小蕙之前的方式真的不同。以往的約會大部分是「晚上」，地點大部分是「夜店」，講一些不切實際的話之後，最後以「上床」告終。之後，也不會有之後，也沒有期待，每一場次的不同只是「期待這次比上次更刺激、期待比上次更華麗」。

但是小助教跟小蕙的約會是白天，他們去七星山看海芋，然後吃野菜，更有趣的是小助教居然在陽明山買了新鮮的花送給小蕙。

「這很便宜喔！一大把一百元！可是很新鮮，可以開很久。你家有花瓶嗎？記得回家把花浸水之後，再插起來。」

「我沒收過需要照顧的生物喔，我只收過死的珠寶。」小蕙笑著說。

「因為你的照顧，花將以香氣回饋你，這可不是珠寶會有的回饋喔。」

小助教隨時帶著數位相機，經常抓各種機會拍攝小蕙的各種角度。這也不是別的男人會做的，因為別的男人還深怕被老婆發現呢，怎麼可能拍照留念。小助教將這些照片整理好，並為小蕙做了一個網站，紀念他們之間的點點滴滴。

沒有真愛的互動也許不是圓滿的幸福，可是不圓滿得很安全，不會被傷害，也不用擔心可能傷害別人。

小蕙真的被小助教的真心感動，但她不敢享受這樣的愛情。在期待跟抗拒之間，戀人總會說出傷害自己同時也傷害對方的話。

「我昨天打電話給你，你怎麼沒接？」小蕙一大早就打電話問小助教。

「我在洗澡，沒聽到。後來因為太累，倒頭就睡。不好意思。」

只要一個小誤會，小蕙就把它當檢視這個愛情的放大鏡。小蕙不是神經質的女生，但是她很擔心真心付出之後，會受到跟以前一樣的傷害。這樣的緊張感，反而讓彼此壓力更大。

「我這樣是不是很討厭？如果我這麼神經質，你還會喜歡我嗎？」

「你要有信心。對你自己有信心，因為你是值得愛的女人。也要對我有信心，因為愛你讓我很快樂。」小助教認真的回答。

他們倆打算安排一次出遊，很簡單的，只是三天兩夜的花蓮旅遊，在出發的前一天晚上，小助教居然到小蕙家，說是要幫忙整理行李。

「我不需要你幫忙，這只是三天兩夜的旅行。」小蕙說。

「但我就是興奮到每一個過程都想參予，我們相處的每一部分……」小助教眼神散發光采的說。

不知道是什麼情緒使然，小蕙回應說：「我想我會認真的跟你交往。」

小助教聽了之後，緊緊的抱住小蕙，「我們兩個一起認真吧。」

牌義解讀三部曲

「正義」，數字11，這張牌在「命運之輪」的後面，就是要「平衡報導、公平呈現」在命運之輪所提供的契機之後的表現結果。

與圖像直覺對話

一看到這張牌就會想到占星學中「天秤座」，一個女人坐在厚重的石椅上（跟國王的石椅一樣，這是生命信仰的厚實所呈現的穩重力量），右手握著一把劍，她傾力將劍端朝上；左手則是一副天秤，她的任務就是維持天秤的平衡。

正義牌在維持公平之餘，會利用手持的寶劍做出正當的決定跟責任。這是有制裁力量的「正義女神」，可以賞善罰惡。女神的皇冠上有一個寶石，這個在第三眼位置的寶石象徵女神有超凡的洞察力，看清真相之後，才會做出判決。

懸掛在兩柱之間的紫色布幔，是內在精神力的象徵。塔羅牌中的紫色代表「憐憫、慈愛」。所以這是一個慈悲的正義，付出多少，絕對會等值的回饋，正義女神不會讓人失望。

「種瓜得瓜，種豆得豆」是這張牌的意義，這種因果循環的狀態，完成體現宇宙之中「命運之輪」的自然公平定律。

延伸的秘義

「正義」算是一個事件的應有結果。也代表誠實的法律決定，當事者願意展現負責的態度。占卜時出現「正義」，代表愛情有可能「修成正果」。也就是「結婚」（小助教跟小蕙在這個階段算是有個美好的結局）。

但也可能雙方對於彼此的「差異」，有了明確的分析跟理解，所以願意誠實的面對彼此，所以會有公平的協議。這個理性的協議不見得就是分手，但會誠實負責任的對彼此有清楚的交代。

機會與挑戰

在經過理性的協議之前，必定有一段延宕的時間。我們畢竟是「人」，不是真的「正義女神」，總有人的私心，不管自己的付出是不是很少，總希望得到「多一點」的幸運。所以這個過程是私心的角力，通常心裡也知道這是個不誠實的局面。

不過這種互相指責、推諉責任的經驗不會太久，畢竟因果循環、報應不爽。尤其感情事件在互相牽制之後，雙方一定會得到應有的教訓，沒人可以忍受不公平的待遇太久。

生活的解讀跟忠告

公平，是最基本的要求，但是在感情上有時卻那麼難達到。倘若你現在拿到「正義」牌，那真的是很欣慰的事。

愛情：感情平穩發展，甚至走上結婚。

工作：具有冷靜分析的頭腦，適合法律仲裁等事項。

金錢：收支平衡，可理財。

性關係：從柏拉圖式的關係開始經營，不宜躁進。

塔羅故事

這是希臘正義女神的形象，端坐在高尚的審判王座上，拿著天秤為宇宙的蒼生做出評斷。並且運用手上的寶劍，讓公平正義得以獲得保證跟實踐。

重要元素

王冠（王冠上的寶石）：

因為有上天賦與的王權，所以她的決定有一定的可信度、不容懷疑。而寶石則像是一個眼睛，有敏銳的觀察力跟洞悉事情的能力。

石柱跟布幔：

石柱撐起後面紫色的布幔，因為這片紫色的布幔，讓正義多了「慈悲的光照」，所以在人性、憐憫心之下做出判決。

天秤：

公平、公正的判決工具。用來判斷是非善惡。

寶劍：

武力跟公權力的象徵，在正義的判決之後，可以有力量執行公正的判決。

關鍵密碼

關鍵字：正義、公平、協調

幸運色：紫色

幸運數字：11

幸運藥草：車前草

對應的星座：天秤座

屬於你的音樂：Waltz For Debby, Bill Evans

（請參考傅子綺之《塔羅爵士幸運點唱機》，滾石發行）

塔羅愛情語錄

這是一個慈悲的正義，付出多少，絕對會有等值的回饋，沒有人可以忍受不公平的對待太久！

☆假設你的靈動塔羅牌是數字12

THE HANGED MAN
懸吊者

塔羅愛情語錄

「我這一秒鐘有一點點不夠愛你。」而那一秒鐘的小動搖，卻讓我知道「我更想持續的愛你」

懸吊者牌的愛情故事

犧牲顯示愛情的偉大

（續前「正義」）小蕙跟小助教穩定的相處了半年。這段期間，小蕙真的享受了單純愛情的美好，小助教經常帶小蕙出遊，每次都有不少的紀念照片，他們很認真的整理照片，製作網站，珍惜彼此。網站上有一則紀錄，「今天下午我們去看汽車展，展場上一堆美少女，可是沒有一個比小蕙更美」。這是小助教寫給小蕙的「情話」。到底「愛情」究竟是什麼呢？語言是很簡單的東西，但要表達一句情話，這背後可是很複雜的心理操作。

其實，在汽車展的當天，有一個小插曲。小蕙去洗手間，小助教就在某個廠商的攤位上等她。小助教對某一款車有興趣，於是特別坐下來跟廠商的業務聊天。

業務是一名美麗的女生，叫Sally。Sally很仔細，也有做業務的善解人意，她能言善道解釋這台車如何適合小助教，而且小助教如果開這台車一定讓自己與眾不同。總之，這些話都是業務的招數，但不同的是Sally很漂亮。

在講解的過程中，因為口渴，Sally幫小助教倒了杯果汁，也幫自己倒了一杯。Sally遞給小助教的時候，小助教沒拿好，果汁居然灑在自己身上，也灑到Sally身上。小助教為自己的輕忽感到不好意思，還沒來得及回應，Sally趕緊拿濕紙巾幫忙小助教擦拭，這下更敏感了，小助教居然有生理反應。而糟糕的是，Sally也發現了。

就在尷尬時，小蕙回來了，小助教神智回到現實。生理反應瞬間消失。於是匆匆拉了小蕙離開。回家之後，小助教想起這個過程，有一點心虛，於是他列下了「我愛小蕙的十個理由」，並將之放在他們的網站上。

愛情的維持並不容易，外在的世界有很多誘惑，說起「我愛你」其實必須要殘酷的壓縮中間的心理煎熬，因為隨時都有「我這一秒鐘有一點點不夠愛你」，「可是我其實真的願意一直愛你」的過程。但這無損於「我愛你」這件事的價值，因為那一秒鐘小小的動搖，只是為了讓當事人知道「我更想持續的愛你」。

牌義解讀三部曲

「懸吊者」，數字12，經過「正義」牌的判決，會有一段時間需要調適，這就是「懸吊者」的過程跟心境。「懸吊者」要通過考驗，所以這種心態是神聖的。

與圖像直覺對話

為什麼說這是一個「神聖」的心態呢？這張牌上的男人被綁了起來，雙手也被束縛於背後，理論上是非常不舒服的。可是他的樣子卻順從而堅忍，沉著的表情之下，在他的頭後方甚至有一清晰而明亮的光環。黃色的光環是光明的智慧，「懸吊者」透過這樣的過程感受天啟。

中古世紀的神職人員，常常藉由身體上的苦行，體驗上帝的啟示，並且證明自己對信仰的信心。所以這張牌要揭示「為了更高遠的目的，受苦是值得的」。

「懸吊者」綑綁自己，其實不想掙扎，一方面是想體驗這樣神聖的美感，一方面也利用這個過程順勢發覺真相，可以認清自己是誰、是什麼處境、接下來應該怎麼做。

顛倒過來觀察世界，更可以發現過去是否充斥在無意義的爭執中，給頭腦新的提醒。

不過，如果只是單純的「受苦」，是消極被動的，不會有真正的成長。所以這位「懸吊者」穿著代表行動力的紅色褲子（塔羅牌的顏色也是一系列有秩序規則的，愚者牌也是以紅色的衣褲來顯示他的行動力），在反省跟思考之後，他還會有正面的回應（小助教的一點點動搖，卻讓他更堅持的寫了情詩給小蕙）。

延伸的秘義

上下顛倒提供一種新的視野。

有沒有體驗過「潛水」的趣味？「潛水」顛覆了以前我們對上下的慣性觀念，原本在你下方的魚，突然就會跑到你的上方；然後你可以翻轉身體換成跟牠正面對立。

讓自己的位置不同，就能夠有新的角度。感情的世界也是一樣，我們只用我們認為的方式跟習慣請對方適應，如果易地而處，彼此會更體諒。

（一個滑稽的想法，所謂「角色扮演」，不也就是這樣的體驗嗎！）

機會與挑戰

因為相信會有更美好的事物降臨，所以願意犧牲自己現實的短暫享受，儘管過程也許並不輕鬆，以愛情來說，伴侶不一定能體會這個「犧牲」的理由。

所以「懸吊者」必須要有堅定的「信仰／信心」，首先要能放棄原本社會認為「理所當然」的條件，讓自己從「各種角度」來看目前的事情。總是要有一段「捐棄成見」的時間，順從內在的自我，讓彼此喘口氣，這是精神提升的階段。

生活的解讀跟忠告

經過受苦來達成夢想是很神聖的經驗，但是你可曾想過這是不是太自虐了一點？

愛情：在愛情中犧牲，為對方改變自己。

工作：工作進度緩慢，挫折，需要耐心等待轉機。

金錢：為了成就某事而破財，可以當作必要的投資。

性關係：身體感覺不舒服，壓抑或是很勉強。

塔羅故事

像是犧牲的殉道者一般，「懸吊者」倒吊的姿勢，雙腳擺出十字架的樣子。他的眼神中沒有絲毫的害怕，頭上發出智慧之光，準備迎接開悟的神聖時刻。

重要元素

活木的十字架：

宗教形式的犧牲，象徵了這個犧牲有宗教般神聖高遠的目的。

懸吊者的姿勢：

兩腳呈現十字，雙手在身子的後背，這是火焰般犧牲儀式。是陽剛的力量，是堅持的能量。

頭上的光芒：

代表開悟的光芒，體會到神聖的智慧，就是這個理由讓「懸吊者」認為犧牲是值得的，也願意接受這樣的考驗。

藍衣紅褲：

藍色是平靜的顏色，紅色是行動的顏色，所以象徵經過這樣懸吊的考驗，懸吊者之後即將有所行動。

關鍵密碼

關鍵字：試煉、犧牲、精神生活的追求

幸運色：黃色

幸運數字：12

幸運藥草：海藻、昆布

對應的星座：海王星

屬於你的音樂：My Favorite Things, Mark Murphy

（請參考傅子綺之《塔羅爵士幸運點唱機》，滾石發行）

假設你的靈動塔羅牌是數字13

DEATH
死神

塔羅愛情語錄

「早死早超生」
不是一句玩笑話，是面對失戀
的最好心態

死神牌的愛情故事

失戀，是愛情的一個過程

「其實自我真的好渺小，希望有一天我可以將我的力量給予世界上最需要幫助的人。」這是Joan的男友在大學時發下的宏願。

交往很多年，兩個人在畢業之後還是維持很穩定的感情關係，Joan畢業之後，成為國中老師，她男友則繼續唸研究所，兩人的生活環境都非常單純，而感情久了，也難免老夫老妻。

後來男友去當兵，Joan則一個人繼續在台北打拚，雖然很孤寂，可是男友對她而言，像是偶像一樣，對人善良、有禮貌、不虛榮、很上進，Joan覺得再也找不到這樣的好人可以取代。

「今天閱讀第三世界國家的一篇報導，政治動盪跟醫療的問題嚴重影響該地的孩子，我真的很希望可以幫幫他們。」男友自軍中寫信給她。

「我覺得你一點都沒變，有時我懷疑我是不是過度崇拜你？」Joan思考著兩個人感情的未來，「如果將你的大愛約束為對我的小愛會不會限制了你？退伍之後，你會回台北工作嗎？我的朋友都結婚了，我的父母也問我這個問題，你的想法呢？」Joan回信。

這是很實際的問題，Joan的男友沒有說不結婚，也沒有說不娶Joan，但是他積極參與宗教團體的活動，對海外救援活動非常有興趣，似乎也沒有定下結婚的時間。

「Joan，我已經申請了宗教團體的海外救護團，退伍之後，我就會去那邊服務了。我擔心自己無法分心照顧你，不過比較起來，那邊的孩子似乎更需要我的照顧，你是一個獨立的大人，我們倆何其有幸，四肢健全，有安全健康的生活環境，希望你加油，以後好好照顧自己。」

Joan收到這封信，真不知該說什麼！這是什麼意思？是分手嗎？接下來自己該怎麼辦？Joan的淚垂下來，那麼多年的感情，從來沒有想過會分手的！

「愛」對一般情侶可能是親嘴、性愛、柴米油鹽；可是對Joan來說，「愛」好像是一個概念，她崇拜這個男人，她認識他的理想、他的感動、他的志業，可是他們很少親密，她甚至想不起這個男人有沒有胸毛、高潮的時候是什麼表情！

這是愛情嗎？她是不是錯把某些象徵性的人格屬性取代成生活的依歸？把男人的理想當成他們未來的志業，把男人的口號當成兩人共同的誓言，把男人的一個表情當成愛情的面容？

在這個時間點，Joan甚至懷疑他們曾經談過戀愛，好像是一種對「愛」的幻影，是這樣的理念而引起了「理想情人」的幻覺。

失戀了嗎？Joan不知自己失去了什麼？可是她真的哭得好傷心……

牌義解讀三部曲

「死神」，數字13，這個字聽起來很恐怖，但請不要害怕！其實「13號」是救世主誕生的日子；以色列曾經被分成十三個部分，所以13還有神蹟的意思；在西方神秘學當中，有13眼天泉、信仰者祈求得到13種神藥，所以看起來恐怖的「13」，其實是**靈動力最強的數字**，也就是如此，所以有「先死後生」的體驗。

與圖像直覺對話

前一張「懸吊者」的牌義是教導我們用犧牲換得更高尚的意義，來到「死神」牌，讓舊有的逝去，以迎接新的可能。

「死神」的牌面，有一個骷髏頭的騎士，底下有四個不同身分的人用不同的態度迎接他的到來。躺在地上的國王，不管生的時候多麼尊貴，死亡讓人一切平等。站著的是主教，他可以站著面對死亡，因為他的精神力得以持續，所以死亡並不改變他的信仰，反而讓他即將重生，以另一種面貌現世。

年輕的女人跪在死亡面前，她知道死神是不能抗拒的，但是她非常的懼怕，所以臉朝向另一個地方，不敢正面迎接，其實這只是鴕鳥的心態。但是小孩子反而能坦然的注視著死神，他甚至拿著花朵相贈，他期待改變，並好奇的想看死神的臉龐表情，想知道之後會有什麼結果。

這考驗出你對死亡的態度，**越是不懼怕的迎接，越能快樂的重生**。

在遠方，太陽從兩座塔中間升起，代表死亡的黑夜之後，就是誕生新的一天。

每個故事都有結束的時候，**每個新階段的開始都是因為舊階段的結束**，新的學期、新的工作、新的兩性關係等等，可是在迎接新的開始前，都是舊的死亡，或多或少的，伴隨著恐懼跟眼淚。

但是「死神」為過去劃下休止符！升起的太陽給新機會照亮一天。

延伸的秘義

在感情事件上，「死神」代表某一部分的「自我」將會「崩潰」，比如說跟愛人分離、結束一段感情，但是這個經驗將「逼」你面對虛假的面紗，讓你去除模糊的皮相，而直接正視事物的骨頭。

「被逼」的過程不會太輕鬆，這恐怕才是「死神」讓人害怕的地方。不要試圖阻撓這個蛻變的過程。「**早死早超生**」不是一句玩笑話，是最好的面對心態。

機會與挑戰

看起來是一種「死亡」，但下一個生命舞台是復活、創造以及更新。因為「死神」勞累於心，一個階段的結束，才有另一個階段的重生。不要受字面意義的影響而害怕，死神是「**最具靈動力，也最具未知開創力的牌**」，生命的迷惑及虛假在不斷改變的時代中從來不曾消失，可是經由死亡事件的「啟示」，會比自己的冥想更能給我們「轉變或是重生」的機會。

藝術家經常要面臨「創作的死神（瓶頸）」，有爵士樂「黑暗王子」之稱的Miles Davis，在四〇年代，終結Bebop時期開創了「酷派」，更酷的是，他不是只有一次的開創，在六〇年之後，他又開創了「融合樂派」，Miles Davis是許多觀念的創新者。迎接「死亡」，才能「超越死亡」。

生活的解讀跟忠告

「死神牌」不是宣告死亡的到來，而是破繭而出，即將重生的黑暗王子。

愛情：結束一段感情，失戀或是離婚。

工作：事業進行不順利，可能要另外想別的辦法。

金錢：財務有危機，這個投資失敗。

性關係：親密關係不在。

塔羅故事

死神騎在白馬上，看樣子是要宣示某一階段的結束。不論君王、平民都一律平等的準備這個階段的到來。

重要元素

骷髏頭：

死亡的象徵，是整張牌的主要精神，若第一眼看到這個，那意味著你占卜的事情必須立刻結束。

站立的教士：

雙手合十，面對死亡仍然昂然站立，平靜的迎接死亡，代表有所準備，那是因為心靈的力量強大。

拿花的小孩：

對一個階段的結束抱持樂觀，有勇氣開拓新的局面。

即將昇起的太陽：

黑夜之後，光明即將照耀大地，象徵著從物質的層面提升到精神的層面。

關鍵密碼

關鍵字：死亡、改變、重生

幸運色：黑色

幸運數字：13

幸運藥草：老樹

對應的星座：天蠍座

屬於你的音樂：It Never Enter My Mind, Miles Davis

（請參考傅子綺之《塔羅爵士幸運點唱機》，滾石發行）

☆假設你的靈動塔羅牌是數字14

TEMPERANCE

節制／融合

塔羅愛情語錄

高潮是一種融合

節制牌的愛情故事

高潮是一種融合

（續前「死神」牌）Joan失戀之後，自己才有時間想想「戀愛」是什麼？其實跟男友相處將近八年，她也不知道那是不是就是戀愛！想著又掉下淚來，原來自己是一個沒有「戀愛」過的女人！

趁著暑假她決定去美國旅行，一方面散心、一方面可以找朋友學學語文。她來到對華人非常友善的環境——西雅圖。

Joan參加了西雅圖華盛頓大學的暑期語文進修。有一天她獨自在超市買生活用品，注意到前面有一個正在選購洗髮精的男人，他的面容很幽雅，嘴唇線條就跟廣告中西方男人一樣性感。Joan覺得外國人真得好帥！

她還注意他的肩部曲線、他的頭髮光澤，Joan覺得自己很久沒有仔細觀察男人，以前跟男朋友在一起的時候，多是聽他談理想，兩個人在便宜的麵店隨便吃點東西，然後回家唸書。眼前此刻一個活生生的男人有呼吸並且實際的選購生活用品，彷彿是一直以來都沒有注意過的真實世界。

男人回頭，發現Joan在注意他，給了Joan一個微笑。Joan羞紅了臉。男人對她大方的問候，然後他們認識了。

這個叫Mike的男人，有著義大利裔的深刻五官，在西雅圖的微軟總部上班。四十歲。來自外地的Joan能認識當地的朋友非常開心，所以只要Mike約她出去玩，她一定都欣然接受。

Mike非常紳士，會幫Joan開車門，帶Joan在西雅圖各地參觀，並自然的流露他的義式熱情，當然他們已經接過吻了。Mike的嘴唇厚實，是一個接吻高手，這種經驗是Joan之前不曾體會過的。對Joan而言，這是個放鬆的假期，所以她想好好體會這一切。「也許這就是一般人的戀愛」，Joan這麼告訴自己。

他們越來越親密，走路的時候，Mike會將手放她腰上，講沒兩三句話，Mike會給她一個kiss，有時還會捏捏她的屁股。Mike經常把「I love you」掛在嘴邊，Joan真的覺得自己戀愛了。

在某次Mike送Joan回家之後，他們準備要發生關係了，這種事何必拒絕呢？不過是一個出遊的經驗，她想體會一般人在靈魂之外的快樂，她不想知道世界會不會因為她的奉獻更美好，可是她想知道發生什麼事會讓她自己的身體更美好。

他們接吻，Mike將手伸進Joan的內衣，Joan第一次覺得這樣的興奮，她主動幫男人解了上衣的扣子，然後他們真的做愛了。在兩個人彼此融合的節奏中，Joan第一次達到高潮……

牌義解讀三部曲

「節制」，數字14，「Temperance」這個字被翻譯成節制，望文生義的塔羅學習者可能很容易搞錯，以為是類似控制的意思。這就是為什麼我強調學習正統的塔羅必須「與圖像直覺對話」，才能學習古老的西方哲學根源。

「節制」，在古拉丁文是「調和」的意思，「在適當的比例下，將各種因素混合起來，使某個狀態表現出最合宜的動作」。

與圖像直覺對話

「節制」牌在「死神」牌之後，死亡之後進入另一個境界，迎接你的是天使。（Joan覺得她此刻就是遇到天使），這名天使雙手各握著一個杯子，把水在兩個杯子之間倒來倒去。將兩個不同的經驗值互相交流，這是「調和」的第一個徵兆。

第二個徵兆則是天使的雙腳也在不同的領域。一隻腳站在水中，一隻腳站在陸地上，這也顯示了不同世界的交互混合。

水象徵著「觀念界」（柏拉圖認為人類所有認知都是上帝自觀念界傳給我們的），陸地則是「物質界」（人類是活在物質界）。（Joan的前男友彷彿就是活在觀念界，現在認識的Mike則是在現實的物質界。）

經過兩個不同世界的交流之後，後方有一條道路通往遠方白色的山峰之路。這是猶太教的神聖境界。說到這，讀者可以體會塔羅牌序列的意境，自「死神」之後，經由融合的目的就是達到神聖的新境界。

但還要特別提醒，天使身上有一個紅色的三角形標誌，這個向上的三角形是神秘學跟占星學的「火元素」，天使的紅色大翅膀，更顯示了調和這些元素之餘，熱情能量的重新綻放，因此，「調和」（「節制」）不是一個平靜的狀態，其實是一個「調和之後的行動」（動詞）。

靈動塔羅牌是「節制」的人，這張牌鼓勵你大方的從過去的經驗「抽離」、「萃取精髓」，並接納新的環境，對新環境保持開朗，隨時保持意識形態上的開放，才能走到「神聖的新境界」。

延伸的秘義

「節制」這張牌正巧相對應占星學上的射手座。射手座是比較「動物性」的星座，所以他的人生課題就是在「動物性」跟「神性」之間達到平衡。不能過度衝動（翅膀拍動得快速，不見得飛得遠，因為搞不清楚目標在哪）；也不能只是思考（不斷地將兩瓶水調和也不會有新進度，因為欠缺行動力）。「思考」跟「行動」必須調和，這是此張牌的另一個啟示。

在愛情的課題上，兩個人，代表兩個不同世界、不同家庭的結合。**如果兩人夠幸運，牌面紅色的力量是非常正面的，將是激情和靈性的結合**。

機會與挑戰

牌面流動的水，也代表「旅行」方面的暗示，可能有激情的戲碼上演。不過如果牌面的能量是負面的（逆位的牌），則可能過度沉溺在毫無節制的「慾望」當中。

負面的能量還可能顯示在沒有目的的旅行，甚至更誇張的是盲目的「趕流行」，迷失在跟自身沒有意義的潮流之中。

而最遺憾的是，通常這時刻的「節制」牌，不僅沒有節制，而且還非常固執。

生活的解讀跟忠告

這張牌在克羅理塔羅牌當中，名為「ART」（藝術），意思就是將不同的觀念元素，表現在另一個新的作品，這就是藝術。人與人相處也是一種「藝術」。

愛情：和對方培養感情，順利相處。

工作：工作進行順利，跟夥伴觀念可以交流。

金錢：善於投資，有金錢觀念。

性關係：微妙的融合關係。

塔羅故事

一名天使一腳站在水上，另一腳站在陸地上。雙手各拿了一個杯子，兩個水杯的水經由天使的動作互相交流。天使的背後有一條山路，通往了有皇冠光亮的地方。

重要元素

天使的兩個水杯：

兩個水杯的水互相交流，意味著融合兩個相異的觀念或個體。

胸前的徽章：

底下是白色的四方形，是四元素中「土」的象徵；橘紅色的三角形，是四元素的「火」，代表火的行動能量從有形的身體中升起。

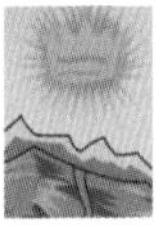

發光的山頂：

山頂的光芒顯出像「皇冠」的模樣，皇冠是塔羅牌的「生命之樹」的第一個冠冕的意義，是最神聖的境界。

拍動的翅膀：

火紅的生命力，是行動的象徵，強調動作正在執行。

關鍵密碼

關鍵字：調和、混合、調節、旅行

幸運色：紅色

幸運數字：14

幸運藥草：紫錐花

對應的星座：射手座

屬於你的音樂：Don't Get Around Much Anymore, Mose Allison

（請參考傅子綺之《塔羅爵士幸運點唱機》，滾石發行）

假設你的靈動塔羅牌是數字15

THE DEVIL
惡魔

塔羅愛情語錄

關於情愛，有很多弔詭，
其中最大的一項就是「出軌，
會讓人達到高潮」

惡魔牌的愛情故事

荷爾蒙愛情

（續前「節制」牌）關於情愛，有很多弔詭，其中一項最大的弔詭就是「**出軌，會讓人達到高潮**」。一般人跟自己相愛的人的性行為大多是平淡溫和的，而打野食、外遇、劈腿、不倫總是令人興奮，「遺失多年」的高潮就出現在「渾沌」的交往關係中。

發生過一次愉快的性活動之後，就會有第二次，Mike很會試探，厲害的男性不必靠只有身體的碰觸而挑逗女人，他們還製造「親密感」的趣味，比如說發明「暱稱遊戲」當作暗號，「親愛的」、「我的泉源」、「美麗的小蘋果」、「甜美的小花」等等，沒有嚴苛的定義關係反而讓小倆口有私密的幻想與期待。

Joan在這種情境中完全迷失。Mike的床笫技巧嫻熟，他懂得女性的需求，動作溫柔又有情趣，而Joan的前男友中規中矩，兩人「規矩的辦事」，從來不會想情趣這件事，很少甜言蜜語，更別說在性事方面想花招。因此這算是Joan生命中難得的體驗，她跟Mike

在沙發上做愛、在餐桌上做愛、在校園的隱密處觸摸彼此、在百貨公司的更衣間裡享受危險的刺激。

究竟這是不是愛情呢？雖然他們說過很多次「I love you」，然而對西方人而言，說「I love you」似乎是容易的。Joan也搞不清楚她跟Mike是不是真的愛情，某些時刻她對他會猜忌，懷疑他為何不接電話，而且從來沒去過Mike家，可是自己也不敢「問」太多，一方面西方人比較重視隱私，另一方面Mike總是每天會主動來電話問候，非常sweet。

某次他們一起去公園散步，西雅圖的公園像一個小森林，林蔭遮住了太陽，有幾隻松鼠出沒在樹間，周遭除了鳥鳴不見任何人，突然之間Joan有一種衝動，她想挑戰自己的「膽量」，做出以往的自己不會做的事。她將自己的上衣脫掉，對男人說「kiss me……」

樹林的氣氛讓這一刻充滿神秘的異國情調，也彷彿讓自己的身體性感許多，她對自己身體展現信心，也想挑戰最大的誘惑。赤裸的她站在郊外，有陌生又熟悉的喜悅，他們居然在露天的公園裡像動物般的交合起來。

也許突如其來的慾望令人愉悅，但荷爾蒙的刺激會持續多久？

牌義解讀三部曲

「惡魔」，數字15，惡魔出現在「節制的天使」之後，這其實是西方宗教史上有趣的神話。惡魔原本也是天使但是因為不想服侍神，而傾向於自我的滿足，所以才被稱呼為「惡魔」。因此這張牌是**被自我慾望束縛而不能自拔的狀況**。

與圖像直覺對話

這對情侶被羊頭人身怪獸的鐵鍊綑綁，成為野獸的俘虜。事實上這對情侶正是之前數字6的「戀人」，所以愛情跟慾望是這張牌的重點，**因為愛情的因素所以才給惡魔機會**，被慾望所控制。

這隻羊頭人身的怪獸，頭上是一個**倒著**的五角星，底下兩根柱子附上鎖鍊，鎖住因情慾無法自拔的情侶。頭上的五角星就是惡魔的魔法象徵，五角星正立的時候，代表可以控制的正面法力，倒立的五角星則是負面的能量，尤其是因為錯誤的慾望而刻意施展的負面魔法。

「惡魔」不僅是因為被慾望而蒙蔽了理智，一方面讓倒立的魔法得以施展，一方面也代表「控制慾」，企圖控制你所想佔有的伴侶。魔鬼拿著一個點燃的火把引起男人的慾望，於是他的動物本能支配了他的心靈。而最恐怖的是他們不知道彼此是假借著最神聖的名號——「以愛之名」。

仔細看這張牌，這個鎖鍊其實很鬆的，兩個被束縛的人大可以自行解套，但一方面是惡魔的魔力讓他們以為這是很緊的鎖鍊，以致他們誤以為無法脫綁，一方面是精神上的束縛，「戀人」自欺欺人不願意「主動」擺脫，卻將「愛」作為藉口。

「愛慾不斷」是彼此牽絆的理由，也是心魔的根本。要讓自己擺脫「惡魔的鎖鍊」其實很簡單，只要克服「心魔的誘惑」。

延伸的秘義

頭上大大的羊角，是魔羯座的象徵，魔羯座的終身課題就是「超越物質世界」，如何將自己的精神目的放在物質選擇之前，這將會是對自己的解放。更進一步的超越，則是不用自己的慾望束縛別人。控制是對自己的不滿意（不滿足、沒信心），所以才會渴望對周遭的人有更嚴密的控制。

在愛情之中，「性」有時顯示的是權力關係（比如說家暴事件）、有時顯示的是「控制的手段」（用慾望控制對方）、有時是一種藉口（以性的目的而宣告愛的存在），最後變成習慣性、公式化而奴役了彼此的關係。

機會與挑戰

靈動塔羅牌是「惡魔」的人，不代表是壞人，不是字義的惡魔。而是物質慾望比較強的人，但另一個重要的提醒則是你一直企圖打破「慾望」的鎖鍊，這樣的人也許做決定之前很掙扎，但一旦決定的時候一定義無反顧（因為你會設立另一種慾望的目的）。

如果「惡魔牌」顛倒，則是下定決心的時刻，願意放棄原先的執著，因為願意正視心中黑暗的力量，將「五角星」扳成正立，理性的力量將再度發揮。

生活的解讀跟忠告

「惡魔牌」並不是恐怖的壞人，而是擁有較多慾望的精靈，終生都在學習如何控制慾望。

愛情：受金錢、美色誘惑，陷入不正常的感情陷阱。

工作：這是一個誤會的開始，充滿誘惑的承諾。

金錢：過度花費，追求虛榮。

性關係：沉迷在玩樂中。

塔羅故事

羊角惡魔揮動大翅膀，頭上的五角星發揮了邪惡的力量。他一面用鍊子將一對男女鎖住，另一隻手則是揮動火把煽動人類還沒去除的劣根性（尾巴）。

重要元素

倒五角星：

正五角星是指人體的五個部位，頭、雙臂、雙腳，而頭腦可以控制四肢。倒立的五角星則是頭腦（理智）無法控制四肢（情慾反而控制了理智）。

惡魔的火把：

惡魔煽動人類的慾望之火，讓人類心甘情願的被束縛。

鎖鍊：

鎖鍊象徵被綑綁，但可以看出這個鎖鍊其實很鬆，可以恣意脫離，如果你看出這點，代表已經有脫離束縛的可能。

人的尾巴和頭上的角：

這是人類尚未進化的象徵，代表人還在原始時代，有獸性、為了短暫的感官快樂，理智精神層面還沒演化顯現。

關鍵密碼

關鍵字：慾望、控制、被束縛、掙扎

幸運色：黑色、紅色

幸運數字：15

幸運藥草：半邊蓮

對應的星座：魔羯座

屬於你的音樂：I Must Have That Man, Abby Lincoln

（請參考傅子綺之《塔羅爵士幸運點唱機》，滾石發行）

塔羅愛情語錄

控制是對自己的不滿意（不滿足、沒信心），所以才會渴望對周遭的人有更嚴密的控制。

☆假設你的靈動塔羅牌是數字16

THE TOWER
高塔

塔羅愛情語錄

有一種慣性定律，
每每想要創造意外驚喜的時候，
總是會有意外的悲劇

高塔牌的愛情故事

應該是立刻收拾行囊的時候

（續前「惡魔」牌）兩個人越熟悉，對話所用的語言就會脫離日常慣用語言的規範。Joan和Mike兩人在語言遊戲中展現親暱，但也因為兩個人不是使用同一種語言（Joan是台灣人，說台灣的國語；Mike是歐裔美國人，說的是美語），所以有時在溝通上也會出現破綻。

「My apple，我喜歡你身體像蘋果般的香味。」Mike前幾天這樣跟Joan說。

「My muffin，你身體有muffin（杯形鬆餅）的香味，像昨天烤給我吃的一樣。」Mike又有這樣的形容。

「我們昨天沒見面呀！我不會烤鬆餅呀！」Joan狐疑的回答。

這是Joan對Mike的不安。兩個人進展太快，這是指身體上的進展，可是畢竟Joan對Mike並不瞭解，就像前文所說她的疑慮，她從來沒有見過Mike其他朋友，沒有去過他公司、甚至沒有他家電話。

但是在他們的親愛之中，這樣的性和諧，是前所未有的經驗，異國般的情調讓她不願正視這是什麼「關係」。

有一天她閒來無事，她決定去Mike公司給他一個驚喜。

有一則墨非定律是這樣的，每每想要創造意外驚喜的時候，總是會有意外的悲劇。就在Joan進入他公司等Mike的同時，他同事以為Joan就是Mike的日本老婆。

原來Mike已經結婚了。

突然之間，Joan覺得好荒謬，她來到美國終於解除了之前失戀的傷痛，而認識的這個新男人在很短的時間讓她體驗自己從未體驗的「情愛」，甚至是開發之前沒有被開發的部分。

這是她的收穫嗎？她問自己：「我又失戀了嗎？」

她的負面情緒不斷的湧出，「怎麼老是碰到不夠愛自己的人呢？」先前一個是只愛理想，從來沒有想過彼此的未來，現在這個根本就是結婚的男人，自己是不是只是他的性玩伴呢？

如果是在台灣，她還可以找朋友詢問意見，但是身處異國中的她，也沒有任何親密的朋友可以諮詢「現在還要繼續嗎？」這件事……

短期的語文學習已經要告終，不要讓無謂的關係變成這個旅行最終的困惑，Joan決定立刻收拾行囊回家去。

牌義解讀三部曲

「高塔」，數字16，如果你無法抗拒「惡魔」的誘惑，以舊方法來達成在新環境中的目標，或是一廂情願的以為虛假的夢幻會成真的話，那可要小心了，因為「高塔牌」就是即將來臨的意外巨大震撼。

與圖像直覺對話

塔羅牌當中有非常多西方宗教的故事，「高塔」就是《聖經》中的「巴比倫通天塔」。這個故事是說，很久以前所有人類的語言都是相通的，有一天人類突發奇想認為自己可以跟上帝溝通、取代上帝的能力。

於是他們在巴比倫建立一座塔打算通到天上去跟上帝溝通，就在快要建好的時候，上帝生氣人類的狂妄，將高塔擊毀，並讓人類從此說著不同的語言，無法瞭解彼此。

這意味著「不瞭解現狀」、「過度的期待」，所造成的傷害。「高塔」的夢幻是一種虛假的結構，不切實際的價值。這樣的態度是無法持續經營的，所以要捐棄虛假才能成長。高塔看起來很恐怖，是一種突然的傷害，但從圖像中也可以看到新的機會來自「乍現的靈光」。

高塔的處境幾乎是「強迫面對」，以這樣的「教訓」逼使你遠離「惡魔」的誘惑。在「惡魔」階段，你所憂慮的事情，「高塔」以瞬間的方式，不允許有任何的僥倖。所以多半是讓人非常驚嚇、甚至無法接受。

「靈動塔羅牌」既然是一種心靈的潛意識能量，所以絕不是只有字面的意思。

比如說「死神牌」提醒的是「重生的機會」、「重新開始的契機」；「惡魔牌」是暗示「要放棄對物質或慾望的耽溺」、「尋找心靈的解脫」；而「高塔牌」則是要提醒「不要盲目追求」、「**看清現實**」。

延伸的秘義

巴比倫通天塔的故事中，上帝最後讓人們說著不同的語言，以達到分化的目的，讓人們無法溝通、無法完成當初通天塔的目的。所以這張牌也同時提醒著「溝通」的重要。

圖面上可以看出是兩個墜落的人，象徵著合作的危機，如果是一般事件的占卜，暗示著合作可能出現的危機，特別是言語的溝通很容易出現誤解，或者是自我膨脹、拒絕溝通。

這在愛情關係中，當然更是明顯的議題。兩個人的結合是象徵兩個不同世界的碰撞，溝通，不是只有共通的語言，還要有「共同夢想」為前提的溝通，彼此才是「天生一對」（Joan跟Mike是不會有共同夢想的，因為兩個人的關係是不公平開放的）。

機會與挑戰

「高塔牌」的提醒就是「立刻改變」、「立刻轉彎」。但人性難免對錯誤的夢幻難以瞬間抽離，所以顯現「拖延」或是「不願清醒」的狀況（回到「惡魔牌」的誘惑），這就是顛倒的高塔牌的意思。

塔羅牌是非常「人性」的占卜工具，所有的**塔羅牌都是善意的提醒**（這是學習塔羅牌多年之後，我最喜歡它的理由）。只要能以理性而務實的態度來處理目前面臨的巨變，高塔牌的傷害就不會出現，反而是提醒你轉彎的時候到了。

電影《侏羅記公園》最後有一句話：**生命會為自己找到出路**。就像老天不會讓人們永遠自絕於解放之路，當我們陷於虛妄的困境時，自然會有一種「生命的警覺手段」來解救我們。

生活的解讀跟忠告

「高塔牌」是一種「打破虛假神話」的結構，要將突然的領悟視為正面的轉變。

愛情：不可預期的破碎，這是一個錯誤期待的感情。

工作：計畫失敗，或是被迫結束。

金錢：面臨不可預期的財務危機。

性關係：性的關係有很大的改變，甚至引起困擾，或是生病。

塔羅故事

這是人類企圖興建巴比倫通天塔激怒了上帝，上帝處罰人類的狂妄的故事。這個不經深思熟律的行動，可以從穿紅衣、穿藍衣的莽撞外表中，得到訊息。

重要元素

閃電：

意外事件的發生。代表事情已經受到阻饒，但是注意到閃電也象徵著「會有乍現的靈光，可以迅速改變」。

塔的王冠：

是人類想要追求的榮耀，但這個王冠就是上帝生氣的因素，象徵自以為的夢幻、不值得追求的夢想。

墜落的人：

傷害已經造成，所以必定要跳下來求生。但是，從高塔墜下的人，手勢預備要觸及地面，準備自救。

關鍵密碼

關鍵字：不自量力的期待、崩解、迅速改變

幸運色：藍色、白色

幸運數字：16

幸運藥草：大蒜

對應的星座：火星

屬於你的音樂：My Foolish Heart, Carol Sloane

（請參考傅子綺之《塔羅爵士幸運點唱機》，滾石發行）

塔羅愛情語錄

一廂情願相信虛假的夢幻將會成真時，小心將要面對「高塔」帶給你的巨大震撼！

假設你的靈動塔羅牌是數字17

THE STAR

星星

塔羅愛情語錄

時間是強力靈藥，因為
它會治療一切

星星牌的愛情故事

孕育新的機會

（續前「高塔」牌）Joan自美國返國，這個假期是如此的不可思議，她體驗了性的極樂，模糊的感覺了愛情的快樂跟期待，對感官有新的開發跟認識，可是自己居然莫名其妙的成為所謂的「第三者」，是別人婚姻的介入者。

在驚嚇之中，這一切好像還未過去，新的學期就來了。感謝老天，她還有一個退路，她告訴自己，這只是一個假期。

不知道為什麼Joan開始常常做夢。

夢中前男友跟Mike兩個人的身影經常交錯，有時是Mike突然變成前男友的樣子，告誡自己要有生命的意義，不要太過縱慾，一會兒又是前男友反而變身為Mike，對她調情，然後兩人在樹林裡做愛，夢中的自己，一方面興奮不已，一方面又告訴自己：「不行不行，他不愛你呀！」

這樣的夢境到了第六次的時候，Joan覺得有點受不了了。快到清晨的時候，人已經快清醒了，突然有一個意識溜進腦中——「結婚、生小孩」，半夢半醒之間，她夢見自己懷孕了。

早上醒來，她被這個夢嚇醒，因為跟Mike在一起的時候，有時太衝動，不盡然每次都有做好避孕措施，她緊張的趕緊去買驗孕棒。

還好，這不是一個太悲劇的故事。她沒有懷孕。

可是這激起了她另一個想法，她好想有一個真正關心她，可以與她分享生活的人，不是只販賣單方面的理想，而是可以互相介入彼此的生命；也不是只有性愛，起碼要有共同的興趣；這是一種**極度的飢渴，她再也不要孤單一人**。

有時這種飢渴上來的時候，她會去操場跑步，在汗水淋淋之下，她想把這個過程寫下來，在記錄這些故事的時候，其實也是一種沉澱跟整理。「這是我的第一個孩子。」Joan心裡這樣想，儘管愛情的緣分不知何時到來，可是她可以醞釀自己的新生命，這個生命也許不會說話，可是會忠誠的關心她，真正的與自己互動。

於是，她真的開始提筆寫作，也為了這個目的去參加了寫作班。就像電影一樣，命運又來敲門了，在寫作班中她認識了一個年紀比她輕的碩士班學生。這一回，Joan想要隨性不緊張的先與對方討論她的第一個小孩——那本愛情記事，也瞭解彼此是否有共同的意識形態，然後「**讓一切交給命運吧**」。

牌義解讀三部曲

「星星」，數字17，經過了「惡魔」的誘惑、「高塔」的現實，人生或是愛情的階段，會有一種新的體認。在這個時刻，我們應當釋放空虛感，祈求平靜。出現在代表毀滅的高塔之後的星星，也是代表**毀滅之後的新希望**。

與圖像直覺對話

牌面上有一個女人提著兩個不同的水壺。她將其中一壺水倒近水池中，另一壺則倒在陸地上（是否想到「節制牌」女神也是在陸地跟水中間，提著兩壺不同的水）。同樣是理智面（陸地）跟精神面（湖水）的互相交流，人與人交往的關係，也是在理智跟精神兩面向的溝通。

清朗的天空有一個美麗的大八角星星，旁邊還有七顆小八角星星，總共八顆。前面在數字8（力量）的介紹中，提過8是無限大、永恆的象徵，所以這八顆星星也是無限大的希望、永恆的光芒的象徵。有沒有注意到數字17，拆開來就是1＋7＝8（和靈動塔羅牌的算法是相呼應的），**這就是塔羅牌隱藏的玄機**。

星星牌面的女人是神話上的「大地之母」姬亞，她是生命的泉源，所有事物崩壞之後，她的出現將給新事物機會跟生命。

她將生命之泉注入河流給予精神的養分，又將生命之泉注入陸地，給予物質面的回饋，最後從她左手水壺注入到地面的水，還是回到水池當中（陸地的水跟湖面的水最後是同歸一處的）。於是，物質跟精神回歸在一起。

遠方的樹上，有一隻展翅待飛的朱鷺。朱鷺是埃及「時間之神」透特（Thoth）的象徵，透特寫過一本關於眾神的醫療過程的紀錄，所以他是醫療的見證者，我們所謂「**時間會治療一切**」，就是這個道理。

在愛情的路上，從過去的傷痛走出，心中要相信希望，相信自己值得更好的機會，經過時間的治癒，冥冥之中會有一個物質跟精神面都能與我們匹配的人出現。

延伸的秘義

「星星」這張牌的出現是內在的治療「必定」有新進展。這是苦盡甘來的時刻，因為你超脫了「惡魔」的誘惑、克服了「高塔」時期不切實際的幻想，所以「自由」也是星星牌的另一個訊息。

這與占星學上的「水瓶座」相互呼應，水瓶座的課題就是「自由」，傾聽自己內在的聲音，然後**透過「將水倒出來」，讓潛意識的部分展現成為意識中可以認知辨識的部分**。

愛情的追求總像是一層紗，有一部分的我們被傳統的條件制約，另一部分又被社會環境影響，有時我們分不清自己究竟在乎的是什麼，在不同的環境下，也有不同的追求跟迷惑（所以Joan在國外的環境，會有不同的選擇條件，與國內時的愛情條件「另類的」）。也許這是這層紗迷人的地方，也許這是這層紗誤人之處。

機會與挑戰

倘若這張牌倒立的時候，代表你沒有接觸到潛意識的聲音，抑或是你有些抗拒接收這個聲音。可能是從高塔的傷害中，還拒絕平復，也對未來不抱任何希望。

有一句俗諺說：「永遠要相信好運就在你這邊。」有時其實好運已經往這邊走了，可是我們卻不敢相信，甚至不願開門迎接它，結果就沒有從這個過程中得到看得到以及可衡量的價值。

這張牌告訴你，你需要一個假期，給自己一個新開始，讓生命跟世界的靈魂再次連接。學習一個新課程會是好的機會。而源源不絕的水的交流，是一種鼓勵——代表「愛情的水隨時可以取用」。

生活的解讀跟忠告

既然這是一個新的開始，學著「信任自己」，要「相信」這是一個美好的開始，**「信仰」真的是很偉大的力量**。

愛情：期望的愛情會發生，一個新的開始。

工作：適合進行創意的工作，有很好的靈感。

金錢：有好運，甚至獲得意外之財。

性關係：不只是單傳的性能量，是一種很深的信賴關係。

塔羅故事

一顆巨大的，光芒四射的星星與環繞它的七顆小星星在天空閃耀，它本身也帶有八道向外放射的星芒。在下方的女性是全裸的，她左膝碰觸地面而右腳踩進水中。有二個大壺傾倒出生命之水，灌溉海洋與陸地。

重要元素

星星：
希望的象徵。總共八顆，各散發八道光芒。8是無限大、永恆的象徵，所以這八顆星星也是無限大的希望、永恆的光芒的象徵。

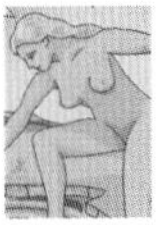

下跪的裸女：
是神話上的「大地之母」姬亞，她是生命的泉源，所有事物崩壞之後，她的出現將給予新事物機會跟生命。

樹上的鳥：

是一隻朱鷺。朱鷺是埃及「時間之神」透特（Thoth）的象徵，透特寫過一本關於眾神的醫療過程的紀錄，這也是我們所謂「時間會治療一切」。代表治療。

關鍵密碼

關鍵字：希望、自由、靈感、創造力

幸運色：黃色、白色

幸運數字：17

幸運藥草：黃芩

對應的星座：水瓶座

知名藝人：秦偉

屬於你的音樂：The Way You Look Tonight, Johnny Pace

（請參考傅子綺之《塔羅爵士幸運點唱機》，滾石發行）

☆假設你的靈動塔羅牌是數字18

THE MOON
月亮

塔羅愛情語錄

「月亮」之後是「太陽」；
Tomorrow is another day！

月亮牌的愛情故事

不安的直覺

右手接過友人給的冰塊，將它壓在眼睛的瘀傷上。除了外在的傷口，靜瑩的心痛不可言喻，「從來沒有想過家暴會發生在自己身上」。淚水自眼睛中不斷的湧出，她回想著當初兩人交往的過去……

小威追求靜瑩的時候，非常殷勤，除了電話、手機簡訊的甜蜜問候，每天送一大束的玫瑰到公司，羨煞了所有的同事。「每天都送花耶」、「這花不少錢吧」、「可是聽說他很多女朋友，他追人的時候好像都是這樣」，朋友們在羨慕之餘，也不斷給靜瑩意見，提醒她關於小威的風評。

靜瑩自己也知道這些傳聞，理智上她也提醒自己小心。但是，在玫瑰花的香味中，散發出令人頭昏的快意，小威固定時間接送，總是提早預定自己的週末時間，緊迫追人的攻勢讓她不願意拒絕。

關於小威公子哥的傳聞從沒有停過，他和前女友是大吵之後分手、他和前前女友言語不快之後，有過互相推打的行為，此外還曾傳出他包養過小明星、後來卻沒有付房租的負面新聞！有時，靜瑩也會擔心小威是否認真，迷惑時就選一朵小威送給自己的玫瑰花，一片一片的摘下花葉「他愛我、他不愛我、他愛我、他不愛我」為自己占卜。總之，愛與不愛的結果都有，靜瑩的情緒也隨著花瓣的單數複數起伏。

這樣子約會快一年了，「人畢竟是有感情的」，靜瑩心裡這樣想。「如果我對他都願意投入感情，他對我這一年的時間也不會是假的，怎麼可能假那麼久呢！」

在靜瑩的生日當天，小威準備了一個兩克拉的大鑽戒，靜瑩感動得說不出話來，於是她點頭了，說「I do」，她相信自己不會像其他女人那麼倒楣，自己是幸運的幸福女人。

小威喜歡跟朋友打麻將，有一次打了整夜麻將之後，靜瑩用手推他，唸他：「你這樣賭博，半夜都不願回家，以後我怎麼找得到你？」

一夜沒睡加上輸錢的火氣，小威用手用力推開靜瑩，說：「你不要管我！」轉身進房間準備要睡覺。靜瑩的脾氣也上來了，追著他要逼他說以後不再賭了。結果小威心煩用手一揮，打了靜瑩！

後果如大家所料，動手之後用蜜語甜言還有床上溫存暫時解決了衝突。

眼看婚禮下星期就要舉行了，期待卻又不安的情緒之下，靜瑩又求助花神「他愛我、他不愛我」，但她在花瓣未落盡之前，停止了這個遊戲，她不敢面對……

牌義解讀三部曲

「月亮」，數字18，前面的星星讓人抱著希望，但有期待就難免會患得患失。如果一個機緣將這種情緒激發出來，就會有負面的猜忌。月亮牌就是代表了這樣的一個狀況，在患得患失的猜忌中，不知這個星星之火是愛情加溫的木材，還是毀掉爛漫的破壞者。

與圖像直覺對話

天上那一輪月亮，看起來是一個滿月，可是在那張臉的後面，感覺又只是一彎新月。究竟此刻是月圓還是月缺時？

有一隻狗和一隻狼對著月亮吠叫，跟電影裡未知不安的情節很像吧。有一條小徑從河流通往遠處山邊，河流裡面有一隻大螃蟹，大螃蟹就要通過狗和狼的中間，而走向遠方。

這隻大螃蟹是希臘神話中被大力士賀克力士殺死的大螃蟹，就是巨蟹座的代表，我們在談到代表巨蟹座的戰車的時候，曾提過**「征服內在的迷團」是巨蟹座的課題**，現在這個渾沌的狀況有一樣的象徵，大螃蟹在昏暗不明的月光下，要超越狼與狗的威脅，這是代表我們要超越頭腦中較低層次、動物性的部分，也要超越對未知的恐懼，創造新的機會。

夜晚總是給人期待的幻想，有些愛情故事總在「當時月亮真美麗」的朦朧中萌芽，但也是理智最虛弱的時候。白天我們可以理性的裝扮自己，但黑夜來襲時，想像和悲傷會一點一滴的侵襲不設防的心理。

尤其是，假設你曾經深深受過傷害。

而月亮給你新的想像空間……

延伸的秘義

想像力有超越時空的力量，可以為自己帶來莫名的快樂，也可能迅速有不知所以的痛苦、恐懼、傷悲。

尤其在愛情中，越是不確定的時刻，越有美感，曖昧的時候讓人更加期待；可是，這時間也最沒有安全感，人總是需要穩定的答案，不穩定的時刻，我們也害怕先付出會造成傷害。

但必須提醒，「月亮牌」出現的時機**絕對不是做決定的時刻**，昏暗不明的朦朧中，資訊不夠清楚，尤其在感情事件中，這意味著過多的幻想，可能是欺騙的假象。

月亮牌是潛意識的恐懼，尤其呼應之前的經驗，別人無法幫你度過，這是很個人經驗的，通常這時候會有很好的創造力，這是月亮牌最具啟發性的地方。假設你是創意或企劃方面的工作者，拿到這張牌時，渾沌不明反而讓你文思泉湧。

機會與挑戰

月亮牌的正位跟逆位（顛倒）沒有意義的差別。只有擔心程度的差別。牌面上的動物象徵只是更激烈的引起你對這件事情的恐懼。或者你沒有堅強的擁有之前「星星牌」所給予的「希望」。

最近的關係會讓你回想過去的經驗，但也許你更膽小（年紀越大，人越不敢相信愛情，這真是我們變老的悲哀吧）。

但是請注意喔，請讀者依然回到牌面的提醒，在山的那一邊看似滿月或是上弦月的月亮，其實是太陽的反射呀（有一位朋友來找我諮詢，拿到這張牌，我請他自己解讀，他認為那是一個太陽！這是他心理狀況的反應）。

假設你願意冷靜的給這個情況多一點時間，你會有機會等到月圓；假設你願意再回頭看看星星所給你的信心，你會通往山那一邊的太陽。

所以，「月亮」之後是「太陽」。

生活的解讀跟忠告

人生總有一些時候是我們不能瞭解是怎麼一回事的，好像無法前進，也不可能後退，大部分的時候我們是期待清醒一點的，無奈，**凡是人都有賴床做夢的經驗**。

愛情：對愛情充滿遐想，有可能是盲目的愛情。

工作：對現有工作感到迷惑，前途不明。

金錢：財務狀況不清，不善理財。

性關係：性生活充滿了神秘的元素。

塔羅故事

月亮在天上以月缺又似月圓的樣貌呈現。兩座塔之間的小徑通往著未知（通往著索倫住的魔多），河裡的大螃蟹準備通過這條小徑，但是守護的狼跟狗在吠叫中增加恐懼的氣氛。

重要元素

朦朧的月亮：

月亮有三種不同的面貌，新月是純潔的少女，滿月是慈愛的母親，下弦月是風霜的睿智婦女。你所看到不同的月亮反應你現在的心境。

狼與狗的吠叫：

這是動物性的不安全感，也是象徵本能跟直覺對這件事情的恐懼。

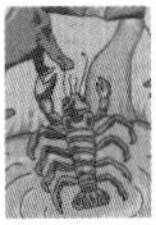

溪水中的大螃蟹：

巨蟹座是潛意識自我的象徵，從水面下竄出是準備從潛意識到意識面去接受、迎接這個事情。

雙塔之間的小徑：

通往著未知，這是一個關卡，經過就是代表著走向光明。

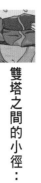

關鍵密碼

關鍵字：不安與恐懼、等待、想像力、創意力

幸運色：紫色、黃色

幸運數字：18

幸運藥草：檸檬

對應的星座：月亮

知名藝人：王靜瑩

屬於你的音樂：Someday My Prince Will Come, HelenHumes

（請參考傅子綺之《塔羅爵士幸運點唱機》，滾石發行）

假設你的靈動塔羅牌是數字19

THE SUN
太陽

塔羅愛情語錄

在愛情的世界中，教條的
甜言蜜語會被催化為量身製作
的兩人專屬印記

太陽牌的愛情故事

美是幸福的保證

（續前「戀人」牌，靈動數字為6）Jason跟他的公主從海邊的那一個吻，開始了他們共同的暑假。

九月的時候，他的公主要展開她的第一次個人雕塑展。其實這個展覽已經籌劃多時，所有的作品都已經準備好，就只是為了場地敲不攏，後來場地終於敲定，卻只剩下不到一個月的時間做空間規劃，還有宣傳事項。

因為時間跟經費都有限，Jason又是學設計的，就義務幫公主做空間設計。兩個人一起工作有可能讓兩人更親密，也可能顯露出很多問題。在公主的某一個人形雕塑作品前，Jason討好的說：「這個女體非常美麗，可是還是沒有你美麗。」

這明明就是一個很「平凡」的甜言蜜語，但它對作品的作者而言，卻是「負面的抬舉」。

他的公主聽了之後，看看自己的作品半晌，回頭問：「你覺得這作品比例不好嗎？我要呈現的是運動的平衡！」

「不不，我當然覺得你的作品很好，但在我心中，你才是最美的，就算是蒙娜麗莎也沒有你美！」

「我要呈現的也不是蒙娜麗莎的風格。」公主嚴肅的回答。

慘了！這簡直是自找麻煩的奉承，於是他們兩人有一點尷尬的不敢再做這方面的討論。

展覽就要開始了，展前的一天公主到會場做最後的巡視。既然Jason是這個展場的「場地總監」，也會隨伺在旁。公主看到有一幅用布幔遮起來的東西，看起來是一幅畫。但是這不是主人的作品，於是她逕自上前拉下這個布幔。

上面是一個女生的照片，就是她自己。旁邊寫著：

公主：

全世界的時尚雜誌編輯有一套對於美的看法，決定登上他們雜誌的美的比例跟標

準。

你是你自己作品的編輯標準，你決定任何一個作品的力跟美的比例；而我是我自己的編輯評審，在我心中，就是這張照片主角的比例最美。

這幅作品叫作「美，是幸福的保證」。公主有點驚訝的說不出話來，說不上是特別的意外欣喜，Jason說自己美也不是第一次，可是他願意花時間解決他們之間的小嫌隙，讓她很感動。

Jason從後面抱住公主，說：「美，是幸福的保證。因為你帶給我幸福，所以我覺得你很美；也因為你的每一個創作、每一個舉動都很美，所以讓我覺得很幸福。」

「**美，是幸福的保證。**」這是某個文學家的名言。

牌義解讀三部曲

「太陽」，數字19，經過猜忌、不安全感的時刻，如果你正視月亮時期所暗示的危險跟恐懼，那麼這將是愉悅的解脫。充滿希望的開始，理想主義的熱情元素帶領你展開生命另一個週期。

與圖像直覺對話

亮麗的太陽底下，一個純真開心的孩童騎在白馬上。這個孩子看起來很面熟，原來是曾經出現在「愚者牌」的那位象徵新生命的小孩，以及在「死神牌」手持鮮花好奇的看著死神的那個大方小孩。經過了塔羅牌所隱喻的歷程，從剛出生不懼任何危險、到遇上挫折經過死神的宣判，但還能重新開始，所以這展現了生命的另一個週期。是光明的面對未來另一個旅程。

在灰色的石牆上面的向日葵，自然是向著太陽的意思。石牆表示一種心理狀態，隔絕你對意識的摸索，拒絕接受自己或過去的經驗，而今，向日葵是另一種預言，代表你期待向日葵的明朗態度（就算有點小齟齬，情人之間還是想辦法解決，所以Jason想了一個橋段改善兩人的疙瘩）。

在其他的塔羅牌當中（如托特牌），在太陽底下的是一對男女（或是雙胞胎），因此，太陽牌也代表著「信任感」的建立，這樣的寓意則是因為那一對在「戀人牌」的男女，經過了「惡魔牌」的考驗之後，需要「新的信任關係」，無論是哪一個故事，這都是新的開始。

太陽底下，騎著馬的孩子有著新開始，大紅旗子是即將出征的戰旗，孩子頭上的那一根紅羽毛，迎著風在太陽底下有光亮反射的光澤。

延伸的秘義

塔羅牌不只是一種「占卜」的工具，它用故事訴說生命歷程的種種提醒，這就是我要介紹「靈動」的那一部分給讀者的原因，也就是在做塔羅占卜之前，讀者應該先瞭解「塔羅牌」（靈動塔羅牌）跟你的親密關係；尤其是人生最重要的幾個大夢中的「愛情」，解答都在靈動塔羅牌的歷歷路程中。

誠如我們討論「月亮牌」的時候，必須克服「內心的謎團」（巨蟹座的課題，在「戰車牌」中一樣的課題），之後就是「解放」，包含意識上的解放（月亮牌之後的太陽牌）、跟身體的解放（戰車牌之後的力量牌）。

全身赤裸的騎馬小孩，不受恐懼、不在乎習俗、或其他社會面的限制。生命力在陽光之下起飛，從虛無的無極繼續它的旅行，直到抵達終點。在愛情的世界中，教條的甜言蜜語會被催化為量身製作的兩人專屬印記。

機會與挑戰

既然這個小孩不受社會面的控制，因此也顯示人格中最早期幼稚的一部分（所以愛情中經常有幼稚的舉動）。

既然太陽牌也顯示某種「信任」，太陽牌倒立的時候，就是內心還存有之前「月亮牌」的恐懼感。也許是一朝被蛇咬的那種情節。

而且極端的熱情、極端的征服，就會帶來競爭關係，人的本能有一種恐懼，怕自己的努力（或魅力）不會受到支持。在兩性關係中，代表這樣的相處比單純的愛情更多了競爭的關係——競爭誰比較愛誰、誰對誰比較有控制力。

生活的解讀跟忠告

快樂，光輝，簡單的說：神的孩子都在跳舞。

愛情：擁有非常美好的愛情關係，光明的愛情。

工作：充滿活力，計畫充滿光明。

金錢：有新的收入。

性關係：有承諾的關係，並因此產生更多正面的能量。

塔羅故事

明亮的太陽下，一個天真愉快的小孩騎在白馬上，後面種滿了向日葵。太陽的光芒曲線直線的交流，熱能驅散所有黑暗。

重要元素

大大的太陽：

是這張牌光明跟生命力的來源。如果你第一個注意到這個元素，代表你對愛情願意主動發散光芒、願意相信愛情的美好。

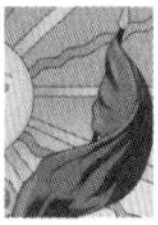

大紅旗：

是這張牌中「出征」的象徵。也是理想主義的象徵，你對事情呈現正面的看法，並積極開拓。

騎白馬的小孩：

裸體的小孩象徵純真的心理狀態，本性回歸自然、可以看清事情的本來面貌。

關鍵密碼

關鍵字：光明、忠誠、幸福

幸運色：紅色、橘色

幸運數字：19

幸運藥草：月桂

對應的星座：太陽

知名人士：奧修（印度大修行者）

屬於你的音樂：The Girl From Ipanema, Zoot Sims

（請參考傅子綺之《塔羅爵士幸運點唱機》，滾石發行）

假設你的靈動塔羅牌是數字20

JUDGEMENT
審判

塔羅愛情語錄

能夠長期維持一段感情的最終理由，是兩人的精神目的，都認知到彼此是相愛的

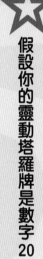

審判牌的愛情故事

留校察看的愛情

（續前「太陽」牌）就在Jason快要生日的時候，她的公主幫他準備了一份禮物，還寫了一張卡片給他。

「親愛的王子，謝謝你給我美好的一年，而我發現我是如此的愛你，這個發現讓我有前所未有的幸福。希望你跟我一樣的快樂。你永遠的公主。」

Jason接下禮物，看了卡片，然後笑笑的給公主一個吻，說謝謝。

「你都沒說你很感動喔。」公主嘛起小嘴。

「有呀！我很感動啊！」Jason雙手環住他的公主，又親了她一下。

「我好愛你喔！你愛我嗎？」公主問。

「我喜歡你呀，但要看你對『愛』的定義是什麼？」Jason講完之後，又害怕自己講得太理性，接著補了一句：「我們是在愛中啦！」

這個回答實在太出乎公主的意料之外，她以為這麼浪漫的一夜，講出「我愛你」是多麼簡單且正常的事，結果對方分析愛情得如此理性，完全不是沉醉在愛情的模樣，更令人氣憤的是「他居然沒有像自己一樣愛他」！

那一夜他們還是「做愛」了，可是彼此都知道情境悶悶的。

原來告白是要付出代價的。公主恨恨的告訴自己。她躺在床上傷心得無法成眠，回頭看看Jason睡了沒，發現對方一樣睜睜的望著自己。「你乖乖睡嘛！」Jason彷彿知道她的公主為何不成眠。

突然間，公主眼眶紅了，鼻息間在飲泣。

「不要這樣嘛！」Jason抱抱她的公主。「我是喜歡你的，要我說愛要花很多的時間，我不是那種不負責任的人，如果我說愛那就代表一輩子。我們需要再多一點時間！」

言語最大的界線就是「沒有達到溝通的目的」，結果只是一個個的字彙。

雙方的期待值有落差，所以愛情就像在愛之海中，儘管試圖靠岸，可是兩者的經緯度地圖不是同一個標準，沒有兩人認知的確切地理位置，也不知該靠向何方。

隔天早上，公主堅持自己回家，下午，Jason的手機收到這樣的簡訊「我等你到耶誕節，給你這個假期，讓你決定是否愛—上—我！」

牌義解讀三部曲

「審判」，數字20，這是《聖經》裡的故事「最後的審判」，不只是等待「正義」的到來，並且要恢復本來對生命的信任，回到最原始的狀態，並且「重生」。

與圖像直覺對話

《聖經》裡「最後的審判」的意思是：末日到來的時候，上帝會用火燃燒並潔淨這個世界，不管是活人或是死人都會聽見天使的召喚，他們來到上帝的面前，根據生前所做的一切接受上帝的審判。

圖面上的天使，吹著號角，底下的人民從地底起來，就是一種宣布，呼喊你即將重生的訊號。

因為都是根據先前所做的事情，給予「判斷」（獎懲），所以跟之前的「正義牌」很相近。（有一種說法是「靈動塔羅牌20審判」的內在個性是2＋0＝2（女祭司），而「靈動塔羅牌11正義」的內在個性是1+1=2，一樣是女祭司。）但是天使的號角是關鍵時刻提醒的宣告，因為這個「訊號」，喚起你內心強烈的覺醒。

所以這張牌的內在意義，更勝過「正義牌」。「靈動塔羅牌」是「審判牌」的人，更在意內心的潛在價值，或者說，當離開內心的聲音的時候，就會顯得無助，甚至脫序演出。

延伸的秘義

當占卜拿到「審判牌」的時候，多半都有「考試、檢驗、或是等待某一個結果」的狀況出現。在愛情中，也是「考驗」的時刻！

這是考驗中間的等待期，也可以說是迎接結果的轉變期，這個時刻彼此都在思考舊觀念的意義，其實是想打破舊觀念，而迎接新生活的到來（雖然這個決定可能是有別於以往的過去）。

最後的審判有三種元素復活——父親、母親和小孩。這三人一組的生命，是「地球生命的起源以及永恆的力量」。所以，如果這張牌出現在二選一的問題，如家庭跟事業的選擇，通常是**暗示「家庭」的重要性**。

機會與挑戰

這張牌上每個人都站起來歡呼，因為「審判」對每個人都是平等的，可是是否情願接受這個結果，就是因人而異了。

也許物質的誘惑、肉體的目的，都是一段感情的某些觸媒，但能夠長期維持一段感情的最終理由，還是兩人的精神目的，認知到彼此是相愛的。

柏拉圖認為愛情只是一種觀念，亞里斯多德反駁他的老師柏拉圖時說過，**如果我們沒有經歷過快樂，怎麼還會想要再經歷一次快樂呢！**

這句話聽起來是多麼的沒有創意，但是能夠造成所有愛情產品（愛情電影、情詩、愛情相關流行音樂等等）狂銷的理由，不就是「相信愛情」！

有時我們可以和平接受一個愛情的結果，有時真的很難接受傷悲或是被拒絕的結局，「審判牌」之後是「世界牌」，就算是不好的結局，告訴我們這必定有一個理由。只是逆位的「審判牌」需要花比較久的時間說服自己。

生活的解讀跟忠告

萬般事物都在改變的時空，需要更高更新的觀點看待世界。與其期待被動的救贖，不如主動的將新觀點引進。

愛情：雙方的關係面臨新的改變，應該更理智的看待。

工作：新的改革，新的工作方法。

金錢：可以嘗試新的投資組合，會有進展。

性關係：現在的性能量很旺盛，可能會有新的伴侶。

塔羅故事

人們聽到天使的號角聲，所以從墓穴中站起來歡呼迎接這等待已久的一刻。一面白底有紅十字圖形的旗子更隨著天使的號角在音樂中飄揚。男人、女人、還有小孩都在等待回到天上一家人的快樂時光。

重要元素

吹號角的天使：

是神的使者，吹起號角準備宣布一個時刻的到來。選擇這個圖示，代表你是主動會發佈新的機會點的人。

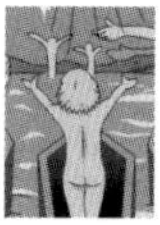

由棺木中復活的人：

父親、母親和小孩。這三人一組的生命，是「地球生命的起源以及永恆的力量」。也代表等待結果之前，大家都是平等的。

十字架的旗子：

是時間的象徵，線性時間跟宇宙時間的交會，暗示某種程度來說，事情正按照你的期待前進。

關鍵密碼

關鍵字：判斷、宣布、等待召喚、啟示、等待結局

幸運色：灰色、紫色

幸運數字：20

幸運藥草：黃連

對應的星座：冥王星

知名藝人：珍妮佛安妮詩頓

屬於你的音樂：That's All, Sarah Vaughan

（請參考傅子綺之《塔羅爵士幸運點唱機》，滾石發行）

10550

台北市南京東路四段25號11樓

大塊文化出版股份有限公司　收

廣告回信
台灣北區郵政管理局登記證
北台字第10227號

地址：

市　鄉／鎮　路　段　巷　弄　號　樓

縣　市／區　街

(請寫郵遞區號)

大塊 LOCUS 文化　**讀者服務卡**

謝謝您購買本書！

如果您願意收到大塊最新書訊及特惠電子報：

- 請直接上大塊網站 **locus**publishing.com 加入會員，免去郵寄的麻煩！
- 如果您不方便上網，請填寫下表，亦可不定期收到大塊書訊及特價優惠！
  請郵寄或傳眞 +886-2-2545-3927。
- 如果您已是大塊會員，除了變更會員資料外，即不需回函。
- 讀者服務專線：0800-322220；email: locus@locuspublishing.com

姓名：＿＿＿＿＿＿＿＿＿＿＿＿＿＿＿＿＿　**性別**：□男　□女

出生日期：＿＿＿＿年＿＿＿＿月＿＿＿＿日　**聯絡電話**：＿＿＿＿＿＿＿＿＿＿

E-mail：＿＿＿＿＿＿＿＿＿＿＿＿＿＿＿＿＿＿＿＿＿＿＿＿＿＿＿＿

您所購買的書名：＿＿＿＿＿＿＿＿＿＿＿＿＿＿＿＿＿＿＿＿＿＿＿＿

從何處得知本書：1.□書店 2.□網路 3.□大塊電子報 4.□報紙 5.□雜誌
6.□電視 7.□他人推薦 8.□廣播 9.□其他

您對本書的評價：

(請填代號 1.非常滿意 2.滿意 3.普通 4.不滿意 5.非常不滿意)

書名＿＿＿＿ 內容＿＿＿＿ 封面設計＿＿＿＿ 版面編排＿＿＿＿ 紙張質感＿＿＿＿

對我們的建議：＿＿＿＿＿＿＿＿＿＿＿＿＿＿＿＿＿＿＿＿＿＿＿＿＿

＿＿＿＿＿＿＿＿＿＿＿＿＿＿＿＿＿＿＿＿＿＿＿＿＿＿＿＿＿＿＿＿＿

＿＿＿＿＿＿＿＿＿＿＿＿＿＿＿＿＿＿＿＿＿＿＿＿＿＿＿＿＿＿＿＿＿

＿＿＿＿＿＿＿＿＿＿＿＿＿＿＿＿＿＿＿＿＿＿＿＿＿＿＿＿＿＿＿＿＿

塔羅愛情語錄

如果我們沒有經歷過快樂，怎麼

還會想要再經歷一次快樂呢？

☆假設你的靈動塔羅牌是數字21

THE WORLD
世界

塔羅愛情語錄

愛情困難之處就是：
「一切生物，不到季節
不能成熟。」

世界牌的愛情故事

精采大結局

（續前「審判」牌）之後公主就死硬著脾氣不願跟Jason見面，敏感的她想起莎士比亞《仲夏夜之夢》的海倫娜（Helena），為了祈求德美特利阿斯（Demetrius）的愛情，以為不斷的表示愛意、為他改變習氣、學習做菜或是陪王子進行他喜歡的戶外活動，就可以得到一個愛的承諾。

愛情困難之處就是——「**一切生物不到季節不能成熟**」，然而，每個人的時鐘卻都不一樣，有人的愛就發生在那一剎那的天雷地動，「一切只因當時月亮太美麗」；有人卻堅持著滴水穿石的力量。無奈呀！「男人的意志是靠理性來主張」！

說起來有點荒謬的是，儘管公主不願意跟她的王子見面，但還是無法不通音訊，所以，手機簡訊就變成兩個人的溝通管道了。

「為什麼你那麼喜歡我，可是我卻每晚夢到你要離開我？」公主傳給Jason。

「請不要做無謂的猜想，my princess，我不會離開你的，讓我見你好嗎？」Jason回傳。

對於感情有嚴重不安全感的人，總是無法輕鬆的享受當下。這是自己對自己的折磨。能夠充分享受當下，不被承諾束縛的人，是幸福的。但是，愛情不就是應該說些海枯石爛的語言，轟轟烈烈的告白才有那種真情的況味。

耶誕節就快到了，收音機不斷傳來溫馨的耶誕旋律，Jason還是每天打電話來請求見面。但就是不能滿足公主心裡對確定愛情的需求，公主既生氣又傷心。

「讓我見你吧！我真的很想你，冬天很冷，想好好抱著你，我依稀能感覺你的香味。」Jason送簡訊給他的公主。

公主就是不答應，卻告訴Jason自己十二月二十四日下午會去逛書店。當天，公主期待著王子的出現。

她只能不斷的假裝讀書，難過透了，到了下午五點，一個熟悉的聲音從背後傳來：

在溫暖的秋夜，閉上眼簾

你炙熱的胸膛的氣息鑽進我心
在我眼前展開的是一片至福的海濱
女性的美與花朵的力量
為什麼你的身上會有這麼濃郁的香味
因為你是我愛的呼吸，那香味是我愛你的訊息

前面幾句是波特萊爾的《惡之華》，後一句「因為你是我愛的呼吸，那香味是我愛你的訊息」是Jason自己加上的。

公主眼睜睜的等著他的表演，然後慢慢的說：「你怎麼這麼晚才來？」

「因為要帶你吃耶誕大餐呀！我愛你，我的公主，耶誕快樂！」Jason手環抱著她。並在公主的嘴唇上親了一下。

「終於……我幾乎不能再等了，謝謝你。」公主的眼淚已經濡濕了眼眶。

牌義解讀三部曲

「世界」，數字21，終於來到旅行的終點！塔羅牌從0（愚者）象徵一個剛出生的小孩，經過了一系列的自我探索，走過這麼多的愛情波折，現在達到一個最後的成熟境界。

與圖像直覺對話

大地之母姬亞手持權杖，身上披著像是蛇一般的絲巾，事實上這的確是蛇的化身，蛇是再生的能量，因為蛇會經由蛻皮而新生，同時是象徵生命的循環是經由不斷的蛻變而進步。

圍繞在大地之母姬亞旁邊的環狀物是在「魔術師」還有「力量」牌中的無限大符號。宇宙是一種無限大的能量，經由無限大的力量「加持」大地之母，大地之母才能發揮她的職掌，運用手中的權杖，讓生命生生不息。

在牌的四個角落，有四種動物，是不是讓你回想到之前的「命運之輪」牌的圖騰。「獅子」（象徵火）、金牛（象徵土）、天使（象徵風）、老鷹（天蠍座的化身、象徵水），完美的世界是有風元素的理智思考、火元素的熱情跟勇氣、水元素的慈悲與情感、土元素的理性跟行動；所以這四個元素也是提醒我們任何部分都不能偏廢，這才是完整的「世界」。

經由這四項元素的協調，從初生走到成熟，個體的靈魂就會跟另一個交往的對象在和諧的碰撞中達到完美。「靈動塔羅牌」是「世界牌」的人最重視的就是和諧的完美。

延伸的秘義

能夠感受到和諧的美感，一定是曾經經過了不和諧、衝突、摩擦和妥協，才能到最後說出：「終於呀！」的幸福。經過之前的學習，愛情已經到達了終點。生命生生不息、萬物的能量也不因冬天而停止，最後我們會合著掌心說「謝謝」。

這是一個最後報償的時刻，成功、完成，跟廣大的世界連結。用更宏觀角度來看，這就是命運希望給你的結果。但是，不要誤會了，真實的人生不是電影，所謂完美的結局並不盡然是王子跟公主過著快樂的日子，而是讓彼此都能釋懷的結局。

這樣的兩性關係一定是彼此共容，而且獲得周遭人支持的，彼此有共同經營領域和共同理念的。

機會與挑戰

同時這也暗示另一個旅程的開始，在感情上的一個里程碑，然後塔羅的旅程又回到「愚者牌」象徵的過程，開始重新學習，經過前文所有的體驗。

在感情的占卜上假設出現逆位的（顛倒的）世界牌，這代表世界的大門已經在你們眼前，可是雙方還沒做好準備。這時候可以檢視一下在以下四個元素之中，「動力」（火）、「策略」（風）、「動之以情」（水）、「堅持」（土），尚需多加哪一種元素的補充。

總之「一切完成、夢想實現」，這是追夢高手微笑的時候！

生活的解讀跟忠告

開花結果。塔羅牌由「愚者牌」開始一個旅程，到「世界牌」結果，於是結束一個過程，又將開啟另一個旅程。

愛情：實現自己的願望，碰到知心的伴侶。走入穩定的關係。

工作：計畫圓滿達成。

金錢：生意興隆，尤其適合賺旅遊財。

性關係：你和伴侶的連結到一種自然開花的階段。

塔羅故事

一個女神拿著權杖表現出愉悅輕快的樣子。旁邊還有四個圖騰，分別是老鷹、獅子、天使、公牛。看起來經過這些圈圈的調和，這個女神可以調和力量達到圓滿的境界。

重要元素

中間的女神：大地之母姬亞的象徵。象徵生命的富有跟圓滿，並且快樂的經營她的領域。

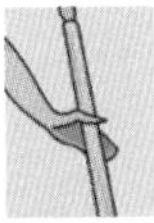

兩手的權杖：經由四種生物的加持之後，大地之母才得以施展權杖，展現能力。

關鍵密碼

關鍵字：成功、完美、新境界

幸運色：紅色、土黃色、白色

幸運數字：21

幸運藥草：康復花

對應的星座：土星

知名藝人：小嫻

屬於你的音樂：I Can't Believe That You're In Love With Me, Carol Sloane

（請參考傅子綺之《塔羅爵士幸運點唱機》，滾石發行）

塔羅愛情語錄

能夠感受到和諧的美感，一定是經過了不和諧、衝突、摩擦以及妥協之後，才能達到最後完美的幸福！

【後記】

不要恐懼！永遠相信真愛

每個人都有屬於自己的愛情故事，我心疼每一個在情海浮沉的你，就像看到自己不曾把握、不敢把握的過去。塔羅牌是個圓滿的愛情神諭，從塔羅牌的大阿爾特牌（就是前面的二十二張主牌）中，講述了一個天真開始，中間卻可能衝突起伏、欺騙失望，最後認識自己，因而修成正果的愛情曲線。

第一張牌「愚者」，對應愛情而言，是一個Puppy love。經歷「魔術師」，也許對愛情玩點把戲。然後，「女祭司」，你需要與自己對話，看看這是不是你要的？反省之後，可能「皇后」的博愛會讓你快樂。「國王」的權威，是你掌控愛情權力……經過「高塔」，象徵著你的錯愛，你必須休息一陣子，才可能感受「星星」帶來新的希望。沉澱之後總是會認識新的對象，但大家都不敢先表態，這時候的猜測就是「月亮」，守得月明之後，真愛就會顯露在「太陽」底下，這時應該仔細思考是否可以成為情感路上同行的伴侶，這段時間叫作「審判」，最後，終於「世界」的圓滿歸於真愛。

有時候，在愛情的旅途上，我們總會因過去的恐懼，因害怕而放棄新的機會，這時候我希望記起這個塔羅愛情曲線，甚至我可以提供你一個真實故事……

不要錯過第二次的春天

如果錯過了第一次的春天，下次春天再來的時候，真的不要錯過吧！

大學的時候因為感情的「高塔事件」，嚴重車禍之後留下的傷疤，不只是遺留在身上，心裡的「陰影」偶爾會在夢裡出現提醒著我。

某天，我上網google相關的資訊，在一堆連結之中，發現自己很久很久以前寫過的文章中出現這樣的內文：「我一聽你聲音就很輕鬆，你會讓我雀躍，你知道嗎？每次接到你電話，我都必須把手壓在心上，因為我怕它飛出去……」

這是我自己寫的文字，這是我跟他真實的對話，但是我已經忘了原來會有後來痛苦的結果，是因為曾經有過這樣的「相處」。

其實這些年我刻意不想起這些事情，因為每次想起的劇情都是不斷的言語誤解、爭吵，對在乎較多、也付出較多的我，每一個有意無意的話語，總是無法承受得重，每一個不小心的舉動或語言，都深深的刻在我的心上。原來這些過程都藏在我的潛意識之下，我卻也不敢去挖掘。但這次的意外發現，我想……我想知道……這一切可不可以有一個善終。

我拿起我的貼身塔羅牌，使用一般最基本的「聖三角占卜法」（過去、現在、未來的牌法，這是瞭解事件從過去的影響到未來的可能發展，最基本也最常用的占卜方法）。

我拿到的牌分別是「聖杯6（逆位）、寶劍4、戰車」。

「過去」：聖杯6是長輩照顧小輩，也代表幼年時代的感情曾經影響你現在的交往。而逆位代表不是很好的幼年回憶，也代表這段照顧關係沒有獲得心靈的滿足。的確，他年紀是比我大很多，而這也的確是很幼年的往事，可是我一直沒有正視這段關係對我的潛意識影響，或者說我不敢面對。

「現在」：寶劍4在偉特牌中，是一個女子躺在棺木上，但身上有好幾把寶劍在她上方，她累到無力反應。天呀！我就是無法反應這個狀況呀，為何又google到我曾經的歷史呢？

「未來」：戰車是需要肯定的抉擇，戰車駕馭者兩種不同方向、不同性格的野獸，有可能陷入不敢前進的「兩難」，可是戰車的出現就是要你解除之前的恐懼，是該往前拋棄過去陰影的時候了。正巧，戰車在星象上，是對應巨蟹座，而我就是巨蟹座。所以，是該往前的時候了。

不要恐懼！永遠相信真愛

有很多人問我：「你這麼會占卜，還會紫微姓名學，為什麼你也有不順的時候？」其實人生不順十之八九，這也不是我們學習命理之術的最終要求。只有一個能量是學習命理的人最強大的：「不要恐怖。永遠要相信。」不要因莫名的恐懼而自己嚇自己，永遠要相信正念，相信真心，相信好運是站在好人身邊的。

女巫被似是而非的理論燒死，有人質疑：女巫，如果真有法力，為何會讓自己活活燒死？——因為，她害怕。電影《霍爾的移動城堡》作者瓊斯說，「巫術無法在恐懼中施展」。最後送給所有有緣分的讀者：「不要恐懼！永遠相信真愛！」。

【附錄】簡易占卜法教學

在書裡提到一些專有名詞，以及占卜牌陣，如果您對塔羅有更多興趣，以下提供一些參考資料，協助您延伸塔羅學習之路。

單張牌占卜法

這是最簡單的占卜方法，準確度可不比複雜的牌陣，只是沒有中間過程的分析，但是你可以參考本書的「塔羅關鍵密碼」裡面的重要元素，用來分析你現在占卜事項的可能影響因素。

準備一副二十二張的大秘儀塔羅牌。

Step 1 心無雜念，思考著你的愛情問題，洗牌，將牌放成一疊。

Step 2 用左手將牌呈現扇形方式打開。

Step 3 用左手，隨意選出一張牌。

（在每一個步驟都專心一致的思考你的問題）

接著你即可翻閱到本書介紹的那一張牌義解釋，前往愛人的內心世界。

聖三角占卜法

聖三角占卜法，也是基本的牌陣，相較單張牌只顯示結果，聖三角占卜法可以闡釋問題的核心，以及瞭解未來的發展。

準備一副二十二張的大秘儀塔羅牌。

Step 1 心無雜念，思考著你的問題，洗牌，將牌放成一疊。

Step 2 用左手將牌呈現扇形方式打開。

Step 3 用左手，隨意選出三張牌。

（在每一個步驟都專心一致的思考你的問題）

【詮釋方法】

1. 過去的經驗（或是對方的看法）
2. 現在的狀況（或是自己的想法）
3. 未來的結果（雙方的可能性）

二擇一占卜法

一如前文所敘名模來找我，從A、B二君中擇一的選擇，適用二擇一占卜法。

準備一副二十二張的大秘儀塔羅牌。

Step 1 心無雜念，思考著你的問題，洗牌，將牌放成一疊。

Step 2 用左手將牌呈現扇形方式打開。

Step 3 用左手，隨意選出七張牌。

（在每一個步驟都專心一致的思考你的問題）

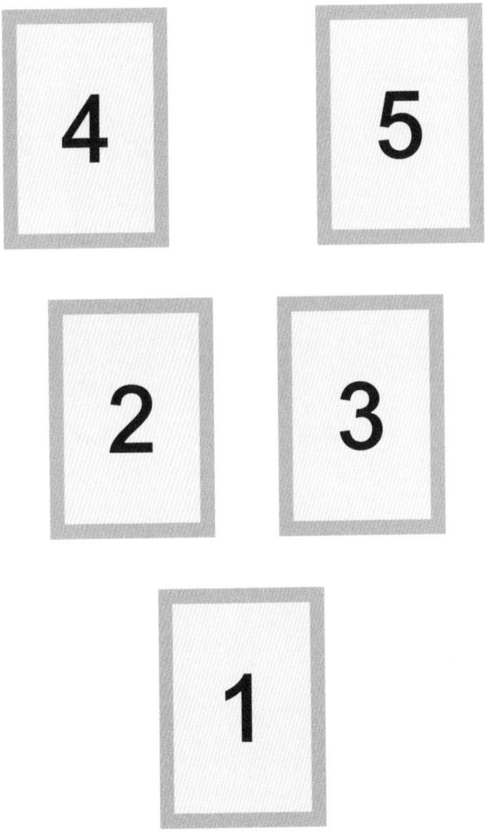

【詮釋方法】

1. 本人現在的心境跟狀況
2. A的狀況
3. B的狀況
4. 選A的結果
5. 選B的結果

你可以評估完兩邊之後，再根據己身狀況（第一張牌）評估該怎麼選擇

容格心理學的基礎

塔羅牌是一堆圖形組成的牌組，根據心理學家也是宗教人類學家容格（Carl Jung）的說法，我們人類對於某些圖形某些顏色有共同的「定義」，這樣的概念叫「原型」（archetype）。而這個共同的概念足以影響人類共同的潛意識。

如「紅色是熱情的」、「馬是高大帥氣的動物，所以可以駕馭馬匹的人是一種優越的人」，所以塔羅牌運用圖形顏色分析一些基本狀況時，是符合人類集體意識的。

分享一些影響我的書

容格與占星學（Jung and astrology）

容格的心理學理論基礎有一大部分是建立在神話原型及科學家通常要避而遠之的占星學和神秘主義之上，他的一生幾乎都在調解、均衡科學與玄學之間不必要的誤解衝突，並且調和西方文明根深柢固的二元對立：理信與靈性，光明與黑暗，自然與文明，用白話文來說：我認為他的思想激發我相信擁抱黑暗也會有力量，正視光明也有可能有盲點。

Tarot for Dummies by Amber Jayanti

這是一本外文書，也是我的第一本塔羅學習書，作者有心理學的基礎，開宗明義就是分析「圖形」／「原型」的觀點，我必須直說我目前沒有看到國內的塔羅學習書有這樣的理論基礎。

The Complete Guide to the Tarot by Eden Gray

這也是一本外文書，可是內容文字都非常淺顯，不需要懂很多英文字彙也可以閱讀喔！並且對偉特牌的基本圖形有簡單的分析，每張圖的各種位置圖案都有其暗示，這是學習解牌很重要的基礎。

Complete Tarot Reader by Teresa Michelsen

老實說，這本書的封面真是不吸引人呀，我會購買這本書完全是因為作者的英文名字跟我相近，但念完之後，發現作者真是博學多聞。本書介紹塔羅和生命靈數／星座／顏色／還有四種圖形的每個數字關係。這本書的內容也是塔羅工作者必學的知識。

國家圖書館出版品預行編目資料

愛在塔羅靈動時／傅子綺 作
初版. ——台北市 ：
大塊文化， 1999【民88】
面 ； 公分--（smile ；73）
ISBN 978-986-82174-5-4（平裝）
1.占卜
292.9　　96000433

LOCUS

LOCUS

LOCUS

LOCUS